I miei 25 anni con Barbie.
La mia experienza da collezionista.

Indice dei continuti:

- Introduzione

1.- Un po' di storia.

2.- Qualche consiglio per l'acquisto.

3.- Barbie come investimento.

4.- La varietà dell'universo Barbie.

5.- La conservazione.

6.- "Giocare" con Barbie.

7.- Altre bambole da colezzione.

8.- La mostra.

- Epílogo.

Introduzione:

È passato molto tempo da quando ho scritto "I miei 20 anni con Barbie, una guida ai consigli per i collezionisti principianti". Oggi mi rendo conto che tutte le informazioni cambiano così rapidamente che tutti i miei consigli ben intenzionati all'epoca, oserei dire, sono scaduti o cambiati entro 5 minuti dalla pubblicazione. Mi piace pensare di aver imparato la lezione e ora, più che una guida, pubblico alcune pagine che raccontano la mia esperienza personale, le varie soluzioni che ho applicato ai piccoli problemi che ho incontrato nel mio percorso collezionistico e come, senza nemmeno rendermene conto, sono arrivato alla collezione che ho oggi.

Ho anche aggiunto alcuni consigli per incoraggiare i collezionisti principianti, ma si tratta di concetti più basilari, un primo passo per chi parte da zero e si sente un po' sopraffatto da tutte le informazioni disponibili oggi su Internet. E, naturalmente, sempre da un punto di vista molto personale basato sulla mia esperienza, so che ogni collezionista è diverso e ha i suoi dubbi, quindi non esitate a contattarmi.

Per questo motivo non esitate a contattarmi se ci sono informazioni concrete che non riuscite a trovare sul web o semplicemente non sapete da dove iniziare a cercare (Instagram "MarcosSecretwWorld" o Facebook "Marcos Juan Quesada") e vi consiglierò al meglio.

Infine, ho scritto questo piccolo libro anche per mio piacere, ricreando ancora una volta l'illusione e la curiosità che ai miei tempi mi spingevano a passare attraverso lo specchio ed entrare nel "magico mondo di Barbie", come dicevano le pubblicità dei miei tempi.

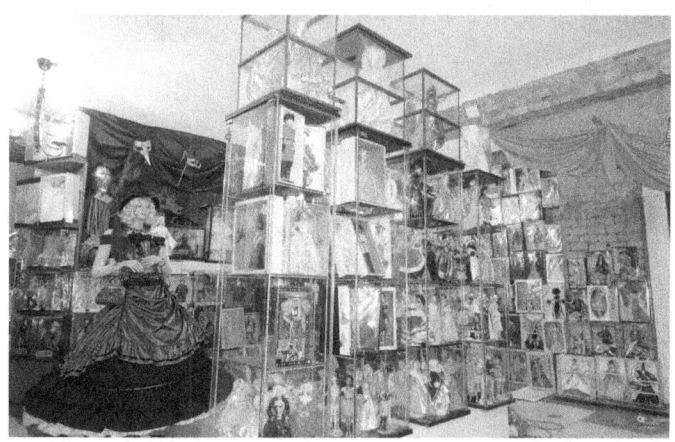

1. Un po' di storia.

Barbie è stata creata a metà del secolo scorso da Ruth Handler. In parole povere, questa americana, all'epoca proprietaria di una piccola azienda di giocattoli, era in vacanza in Germania quando scoprì una bambola che rappresentava il corpo di una donna, non di una bambina come tutte le bambole dell'epoca, e che si rivolgeva più a un pubblico adulto.

Come mostra brillantemente il film Barbie of 2023 (vi consiglio di guardarlo se non l'avete ancora fatto, è più profondo di quanto sembri), l'arrivo di Barbie fu più una rivoluzione culturale che un nuovo giocattolo. A quei tempi, le donne erano indottrinate fin dalla nascita e limitate al ruolo di casalinga e all'educazione dei figli, e pochi altri ruoli erano consentiti.

È qui che Ruth Handler ha dato il suo contributo, creando una bambola che non limitava le bambine a sognare di essere una madre, ma una bambola adulta che le faceva sognare di ciò che potevano essere. Ha cambiato il concetto di donna, che ora era un'entità a sé stante. E non è stata una passeggiata, perché se si cresce in un ambiente in cui tutti danno per scontato che la terra sia piatta, se all'improvviso arriva qualcuno a dire che è rotonda... siate pronti ad affrontarlo. Non lo aiuteremo a esprimere le sue nuove idee o concetti perché disturbano la nostra realtà. Al contrario, li perseguiremo e non ci fermeremo finché non scompariranno (Darwin, Galileo....). È così che funziona il mondo: accettiamo solo i cambiamenti che siamo pronti ad assimilare,

Vi consiglio di scoprire di più su questa donna, è sempre stata una combattente che ha saputo adattarsi ai cambiamenti dei tempi e la cosa più importante è che anche se alla fine il sistema è riuscito a sconfiggerla e lei è stata espulsa dalla sua stessa azienda, è stata lei a vincere la battaglia e a cambiare in meglio un'intera società.

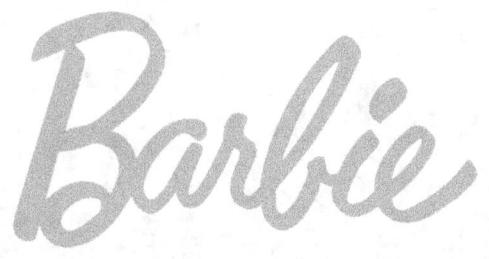

2. Qualche consiglio per l'acquisto.

Il mio consiglio è molto elementare e logico, cercate sempre il miglior prezzo sulle migliori piattaforme, attualmente Amazon, Ebay e anche il sito ufficiale Mattel, che attualmente distribuisce quasi tutti (https://creations.mattel.com). Se siete in Europa e decidete di acquistare su Ebay USA, dove troverete sempre un assortimento migliore, vi consiglio di cercare i venditori che offrono dazi doganali inclusi alla fine della transazione. Se alcuni venditori non offrono questo servizio, probabilmente scoprirete che quando la bambola arriva nel vostro Paese, il dipartimento doganale vi contatterà per chiedervi le fatture e la prova del pagamento. Non solo è una seccatura, ma dovrete aggiungere le spese di gestione che, in alcuni casi, superano il valore della bambola.

Un altro consiglio che mi sento di dare è che se, come quasi tutti i collezionisti, avete un budget limitato per le vostre nuove Barbie, dovreste scegliere quelle uscite di recente: troverete sempre prezzi molto più vantaggiosi rispetto a quelle di vecchia data.

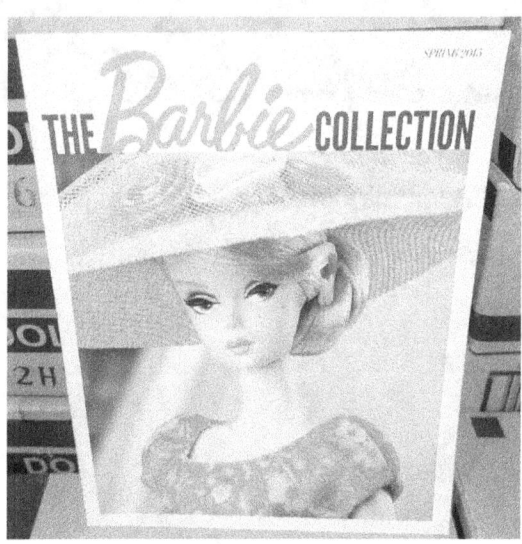

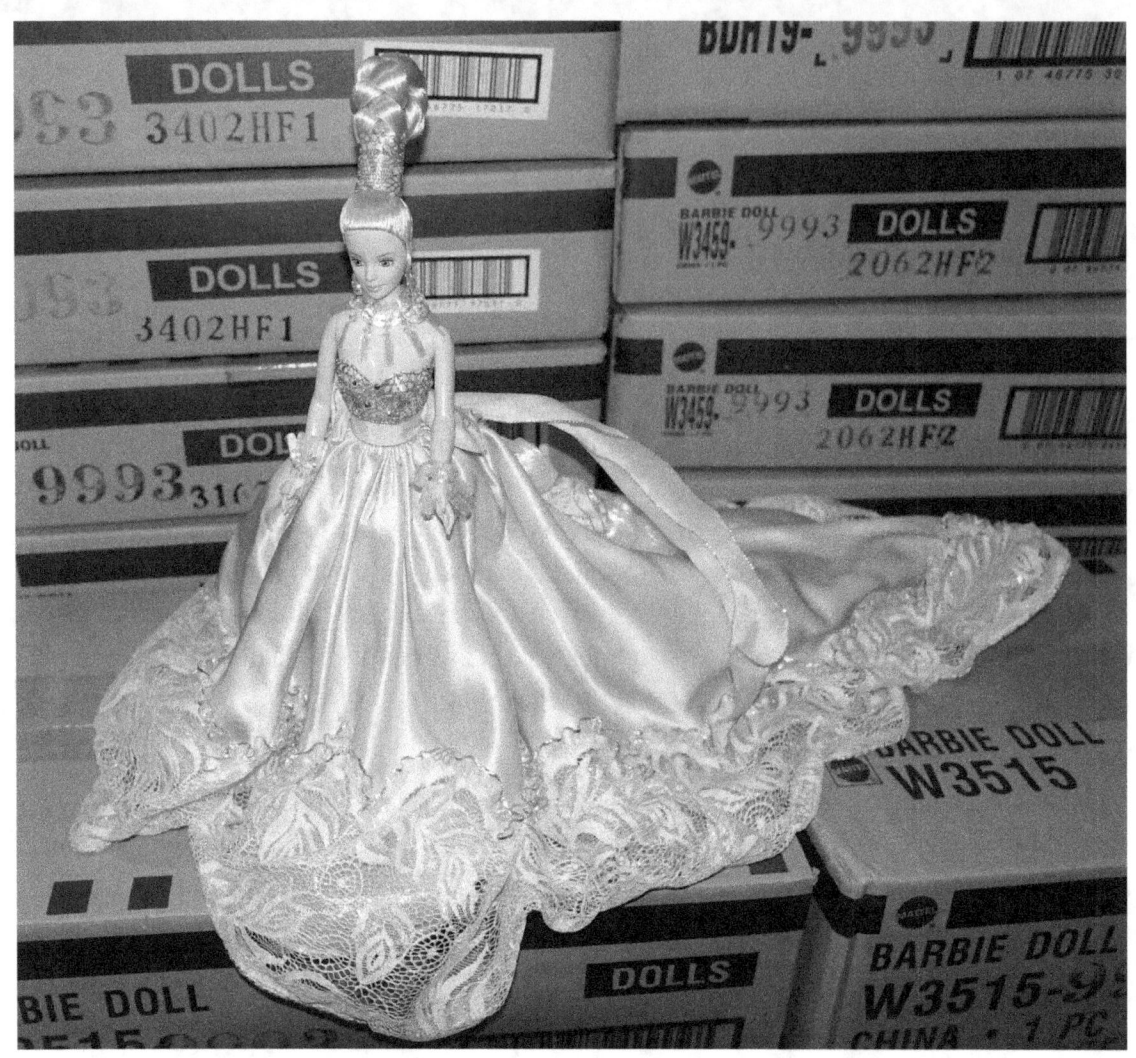

Barbie Pink Splendor 1.996

3. Barbie come investimento.

Molti anni fa, prima che ritirassi il mio negozio online di Barbie, mi accorsi che qualcuno aveva acquistato una delle bambole più costose che avevo in vendita all'epoca. Non dirò quale modello fosse, né la nazionalità dell'acquirente, perché non intendo entrare nei dettagli di altre persone. Ma mi sorprese il fatto che comunicasse con me attraverso sua madre, dato che l'acquirente era così giovane da parlare a malapena l'inglese (che non era la sua prima lingua). Dopo molte e-mail, ho scoperto una madre orgogliosa che aveva investito i risparmi di una vita di suo figlio in un giocattolo che non solo amava, ma che era disposto a conservare nella sua confezione e a resistere alla tentazione di aprirlo e giocarci.

Onestamente, non so se sia stata davvero una decisione dei genitori o se l'acquirente sia stato davvero un piccolo genio, ma quello che è certo è che dopo 15 anni, non solo la bambola non è stata messa in vendita per anni, ma questa persona è riuscita a metterla all'asta senza problemi. L'ultimo modello venduto online, più di 5 anni fa, ha già moltiplicato per 10 il prezzo pagato da questo bambino.

Tuttavia, se la motivazione che vi spinge a collezionare è l'investimento, dovete essere consapevoli che funziona a lunghissimo termine. In Francia si usa l'espressione "denaro che dorme" per indicare le cantine dove il vino invecchia, ed è un po' la stessa cosa. Non utilizzate mai denaro che vi servirà a breve termine, giustificate l'acquisto di una bambola che vi piace come investimento e 4 giorni dopo averla comprata mettetela in vendita, è una cosa che ho visto fare spesso. Probabilmente scoprirete che nessuno è interessato ad acquistarla e, in alcuni casi, il venditore è stato costretto a venderla a meno del suo valore. Fate attenzione a queste piccole trappole.

E sono proprio queste bambole che, secondo la mia esperienza, potrebbero essere le più interessanti dal punto di vista dell'investimento:

Convention di Barbie

È un'idea geniale, le convention sono semplicemente un raduno di collezionisti che per qualche giorno danno vita a vari eventi intorno al mondo di Barbie (concorsi, mostre, cene...).... Inoltre, a seconda del tipo di abbonamento che si sottoscrive, si può ricevere in regalo una bambola speciale che si può ottenere solo a questi incontri. In Spagna c'è quello di Madrid, ma ce ne sono anche a Parigi, Roma... Negli Stati Uniti sono più frequenti, quindi vi consiglio di informarvi e di andare a quelli in cui c'è Mattel dietro l'organizzazione.

Non sono mai stato incoraggiato ad andarci a causa del mio carattere timido, ma se sei una persona socievole potrai trarre molto da questi incontri. Conoscerete persone simpatiche che condividono lo stesso interesse per Barbie, otterrete una bambola esclusiva che si rivaluterà facilmente tra qualche anno e, soprattutto, vivrete una bella esperienza sociale.

Un altro piccolo consiglio è quello di tenere conto delle date dell'evento e di pianificare in anticipo il vostro soggiorno in termini di hotel, biglietti aerei, ecc.

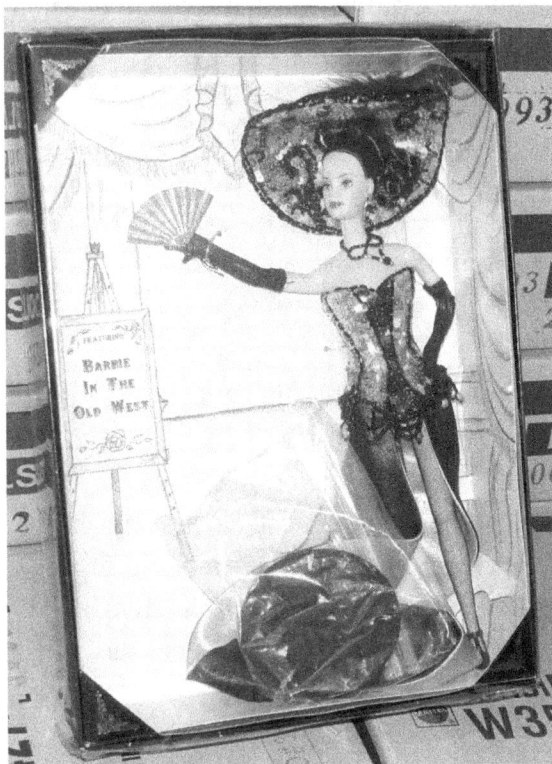

Barbie "Old West", 2.000 National Convention, Tulsa (Oklahoma)

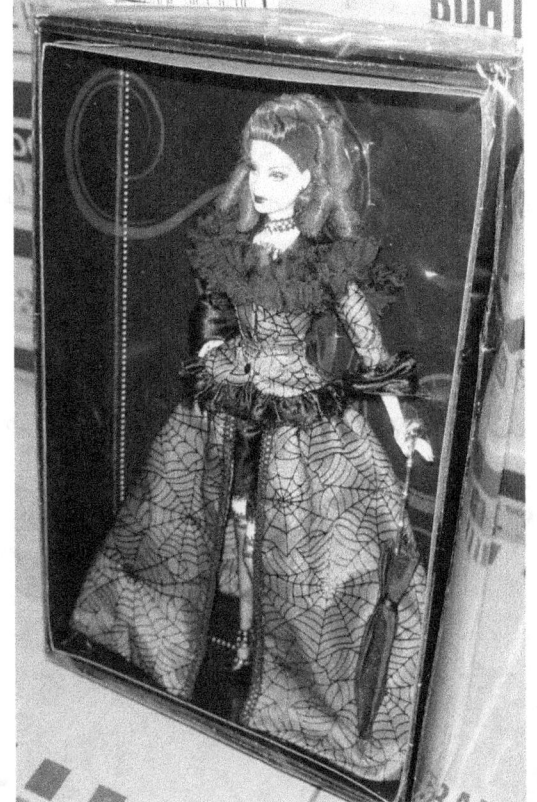

Barbie "Reine de la Nuit" 2.013 Convention

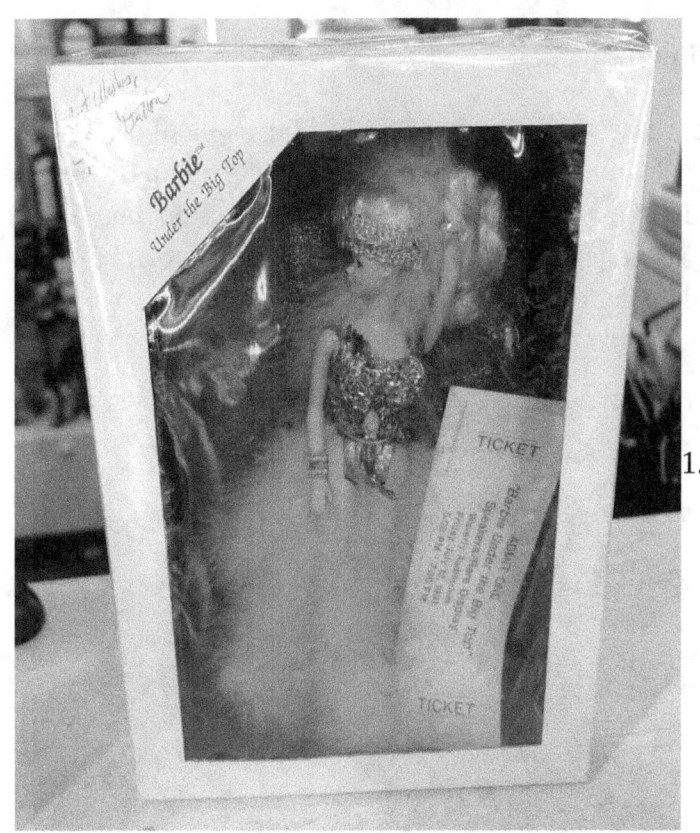

Barbie "Under the Big Top" 1.991

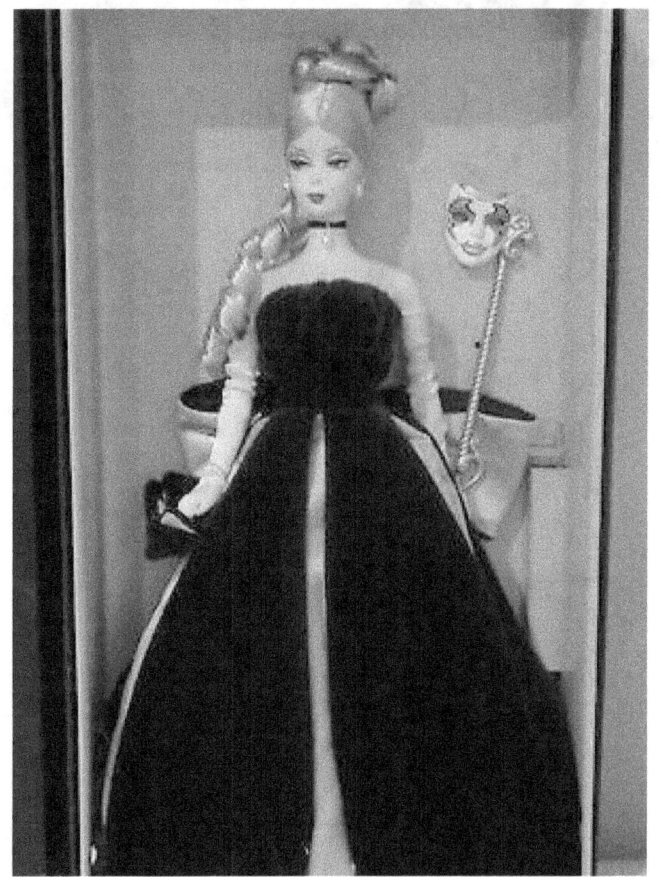

Barbie "Masquerade" 2.005

Edizione molto limitata o Platinum Barbies.

Sono le più rare, con poche unità in circolazione, non più di 2.000, e quindi quelle il cui prezzo aumenterà maggiormente nel tempo. Poiché sono generalmente molto richieste, è bene tenere d'occhio i pre-acquisti. Potreste non essere in grado di acquistare una singola unità al momento del lancio, indipendentemente dalla velocità di acquisto, perché probabilmente sono già state vendute durante la prevendita. È una situazione frustrante per i collezionisti e l'ho sperimentata più volte.

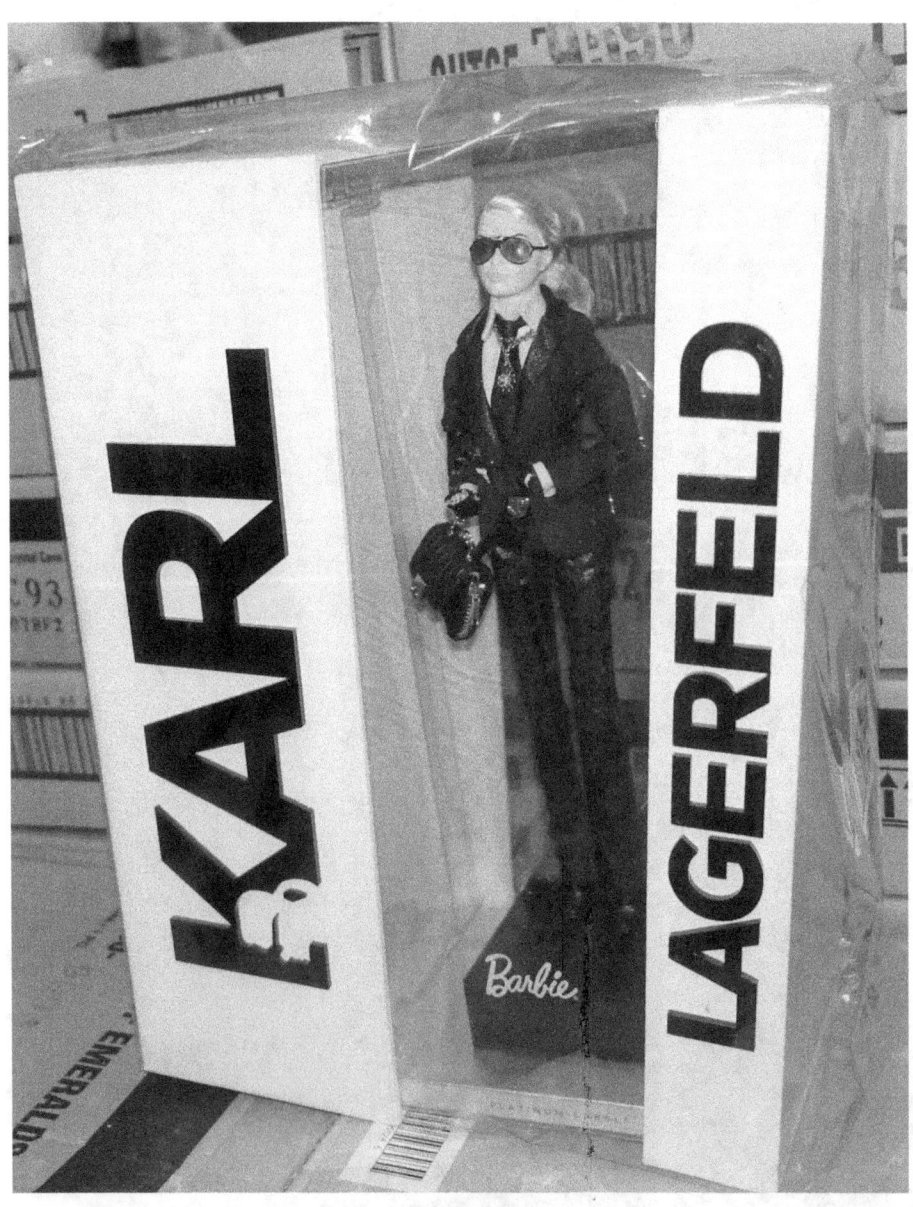

Barbie Karl Lagelfeld, 2.014

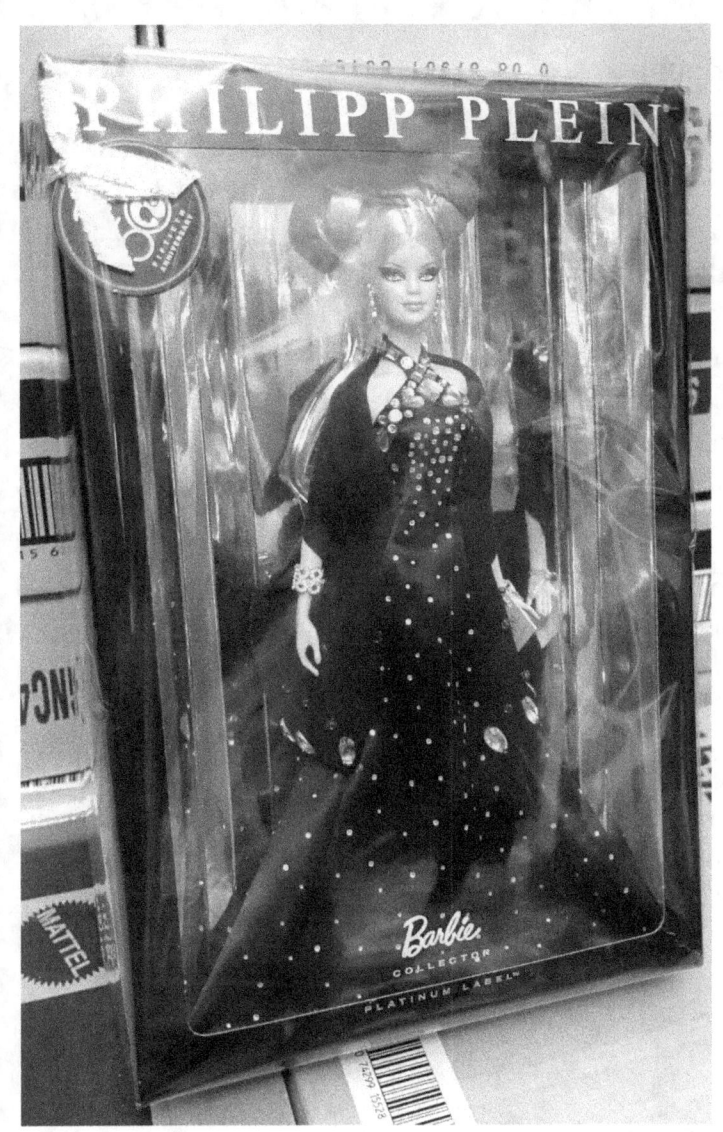

Barbie "Philipp Plein" 2.009

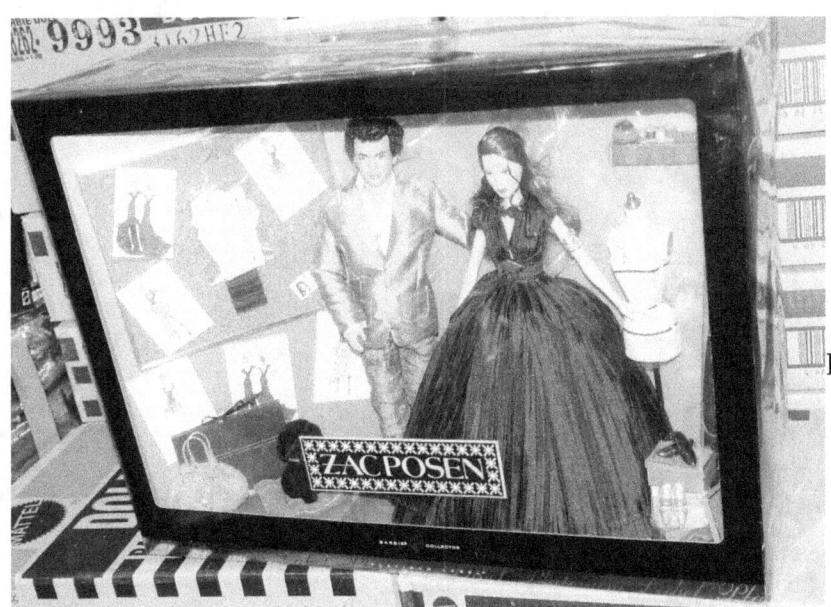

Barbie et Ken "Zac Posen" 2.006

4. La varietà dell'universo Barbie.

Mattel ha lanciato molte collezioni diverse nel corso degli anni. Capisco che possa creare un po' di confusione quando si scopre per la prima volta questo mondo. È come quando si amano i dolci, si è abituati alla varietà limitata di qualsiasi supermercato e all'improvviso ci viene offerta la chiave del magico mondo di Wonka: ci si sente sopraffatti da una tale varietà che non si riesce ad assorbirla tutta in un secondo, anche se si vorrebbe. Quindi fate un respiro profondo e iniziate a indagare e scoprire poco a poco. Come sempre, internet è un gioiello preziosissimo, dove troverete fotografie e informazioni su quasi tutte le versioni mai esistite, ma non dimenticate che si tratta di un universo vastissimo che cresce e si diversifica ogni anno dagli anni Cinquanta, quando è stato creato.

Nel mio primo manuale avevo osato classificarle per edizione "Cinema, silkstone, platino, storica..." ma oggi l'universo Barbie si è talmente sviluppato ed è così variegato che è quasi impossibile farlo.

Le bambole che fanno parte di **"collezioni incrociate"** sono molto interessanti, perché il loro interesse attira collezionisti di mondi diversi. Ad esempio, Coca Cola Barbie, Harley Davidson, Twilight... attirano sia i collezionisti del marchio o della saga che quelli della bambola. Un altro esempio, uno dei miei preferiti, è la Barbie Versace Claudia Schiffer, che attirerà i collezionisti della bambola, i fan di Versace e, naturalmente, i fan della modella.

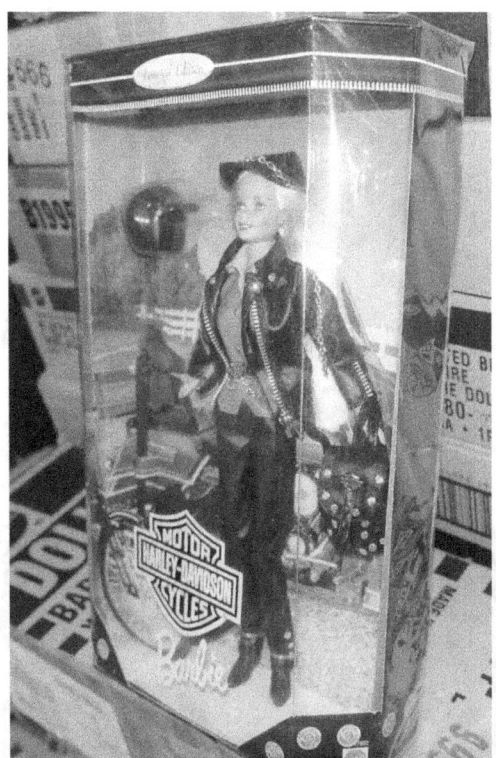

Barbie Harley Davidson 1.997

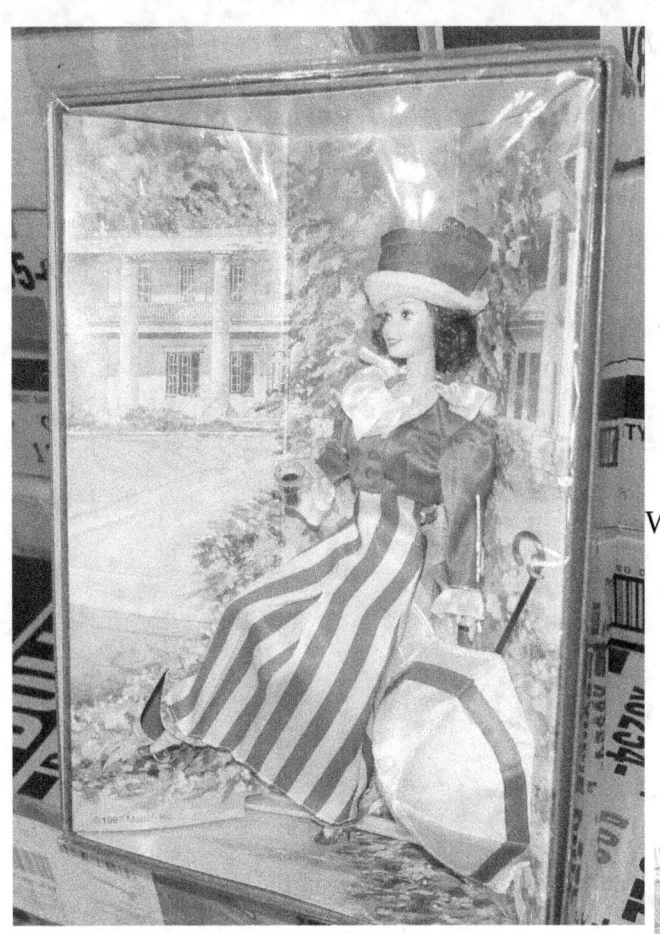

Coca Cola Collection "After the Walk" 1.997

Barbie The Museum Collection "Leonardo da Vinci" 2.010

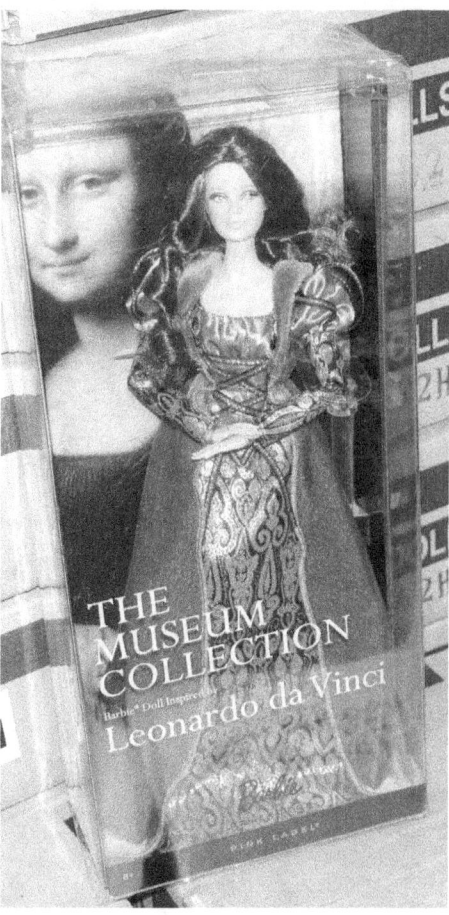

Una delle collezioni più ampie e continuative è quella delle Barbie **speciali di Natale**. Iniziarono con "Happy Holidyas" del 1988, a mio avviso la prima a lanciare il mondo del collezionismo e a staccarsi con successo dal mercato tradizionale dei bambini. All'epoca, molti adulti erano cresciuti giocando con Barbie e accolsero questa novità a braccia aperte.

Poi i nomi cambiarono e si aggiunsero altre edizioni natalizie, come la collezione "Happy New Year", a cui si aggiunsero le amiche di Barbie (Teresa), oppure, al giorno d'oggi, ogni edizione comprende generalmente tre versioni diverse della stessa bambola (capelli biondi, castani e neri). Queste bambole vendono molto bene perché rappresentano un periodo dell'anno molto speciale, e gli abiti e le scatole da esposizione sono semplicemente spettacolari.

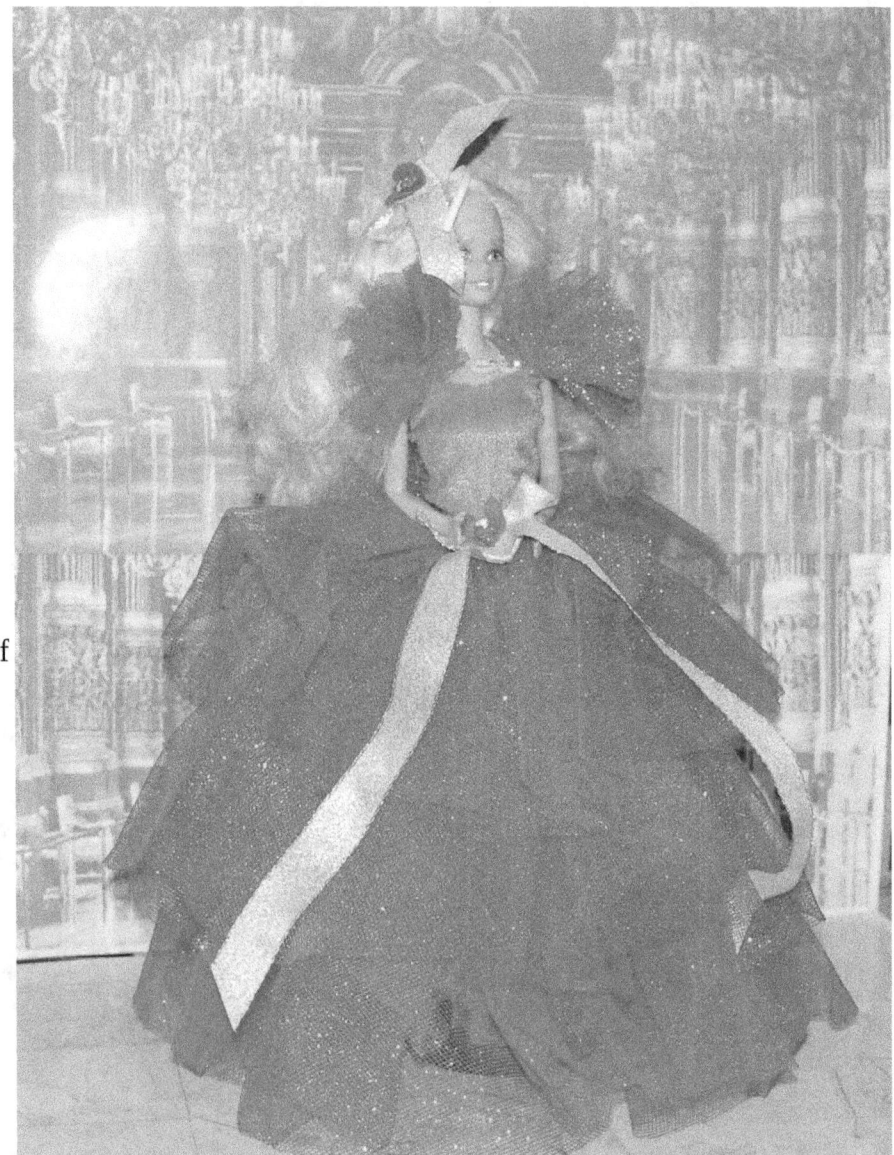

Barbie 1988 "Happy Holidays" out of the box.

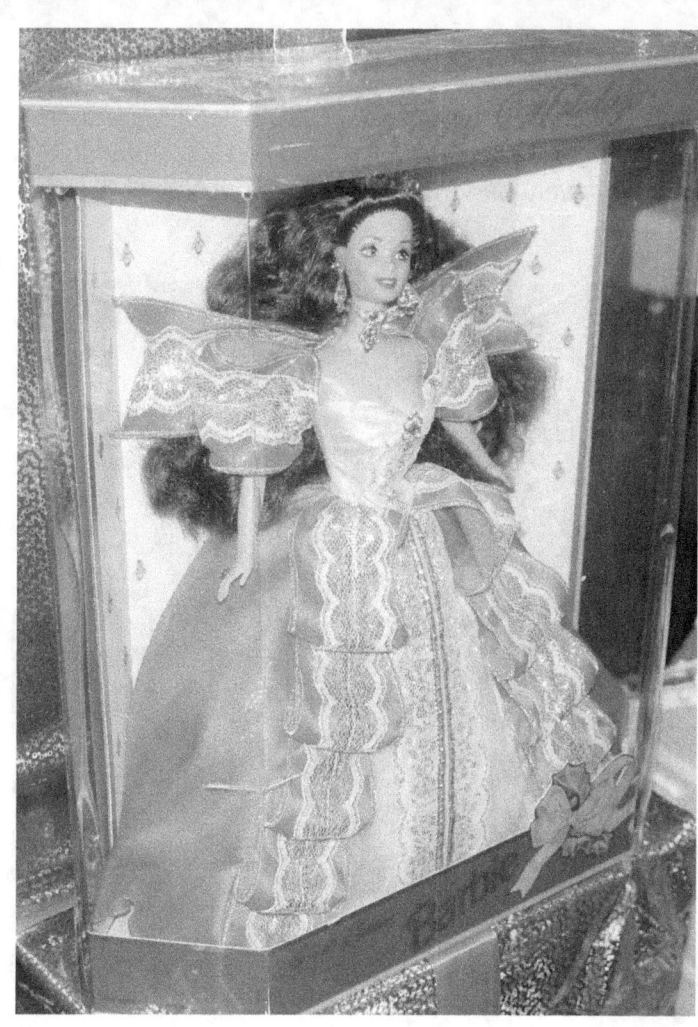

Barbie "Happy Holidays" 1.997

Barbie "Holiday Jewel" 1.995
(Holiday Porcelain Collection)

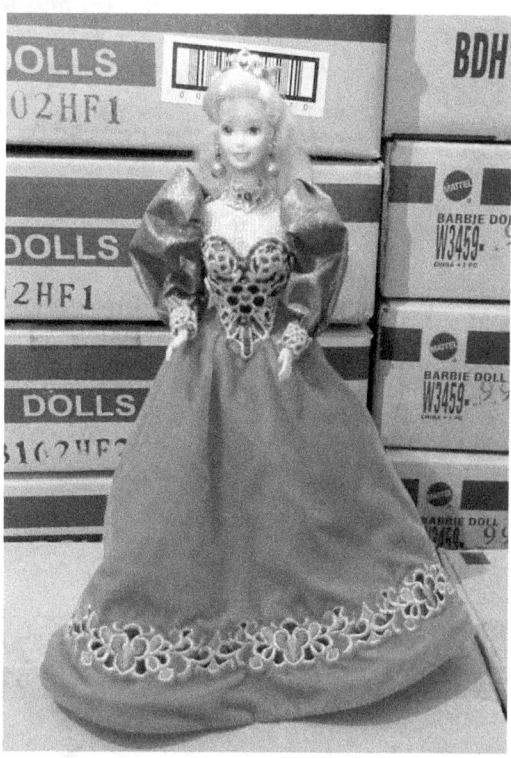

Un'altra collezione interessante è la **Silkstone**, un materiale simile alla porcellana. Sono classici, formali e molto eleganti, con abiti vintage in stile Barbie degli anni '50 e '60. Si tratta generalmente di piccole edizioni e i loro prezzi tendono ad essere più alti. Alcune di esse sono già esaurite non appena vengono messe in commercio.

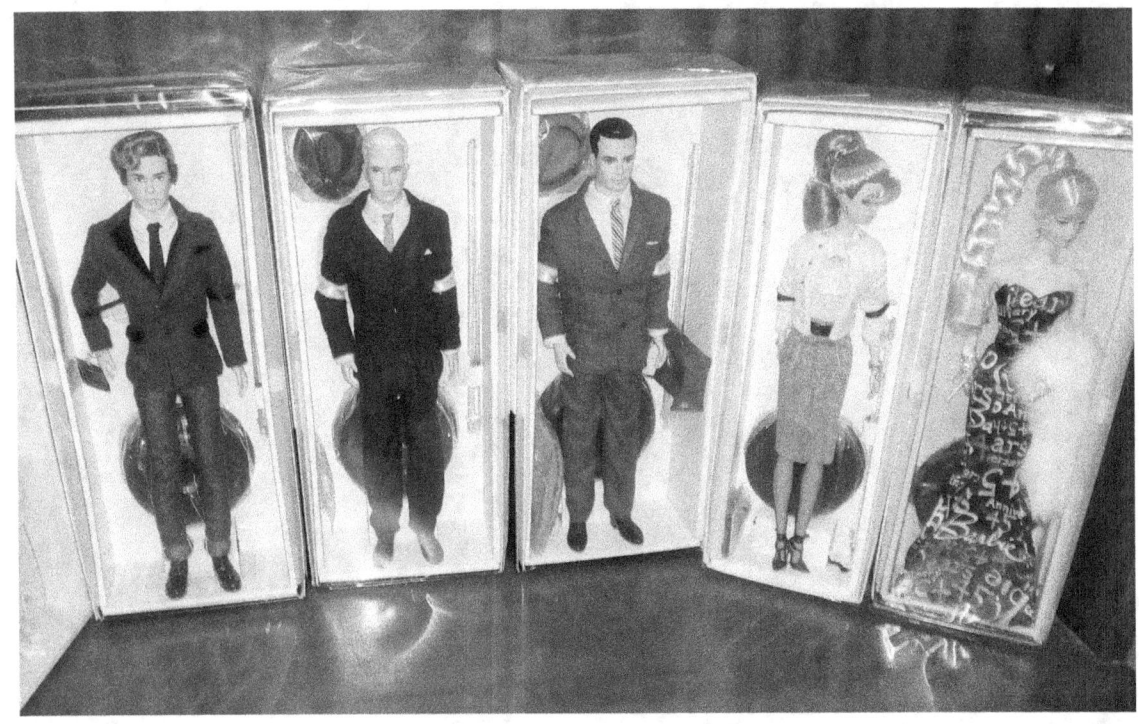

Gian Franco Ferré, Mad Men…

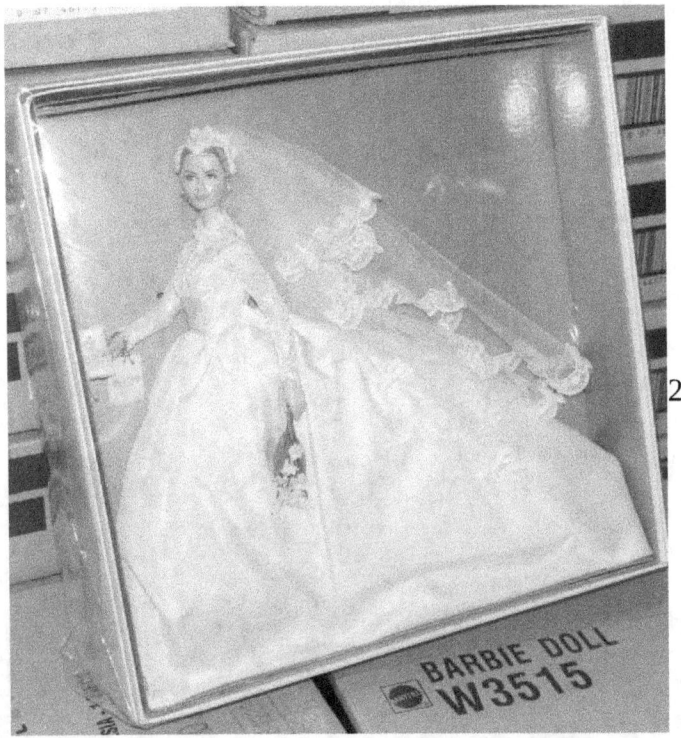

Grace Kelly "The Bride"
2.010

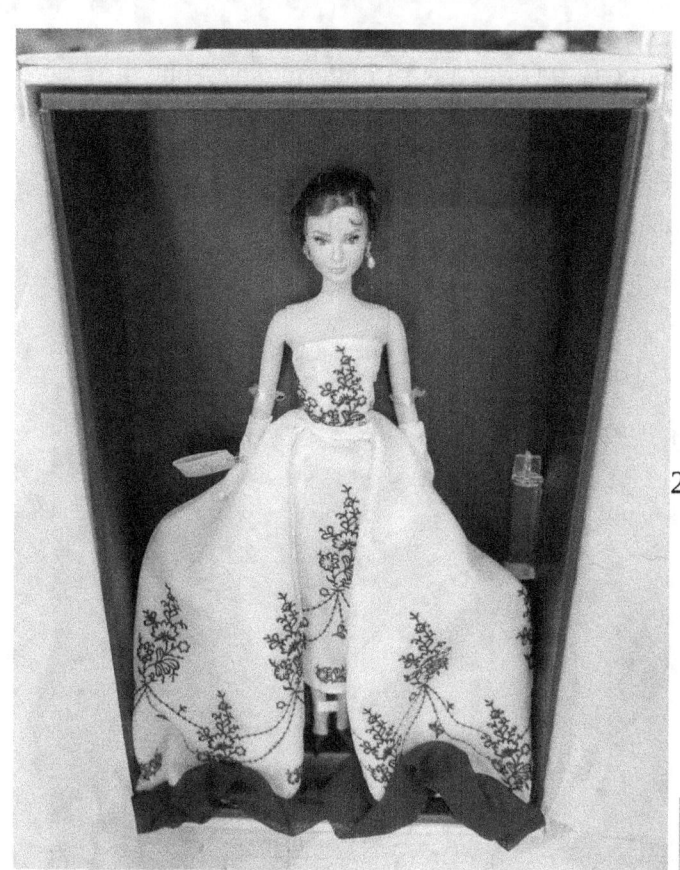

Audrey Hepburn "Sabrina" 2.012

Barbie "Boater Ensemble" 2.013

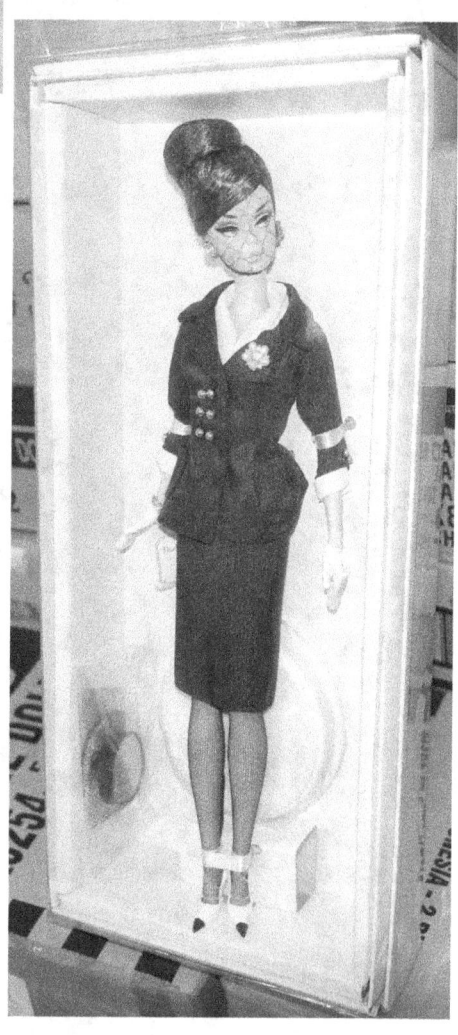

La collezione di **stilisti** è piuttosto famosa, da Dior a Karl Lagerfeld, sarebbe difficile scegliere il preferito. Per i fan di questi marchi è una grande opportunità avere qualcosa di così bello da ammirare a un prezzo così accessibile. Molti artisti della moda hanno collaborato con Barbie: Oscar de la Renta, Versace, Yves Saint Laurent, Burberry, Moschino, Bob Mackie, Armani, Juicy Couture... e l'elenco continua anno dopo anno.

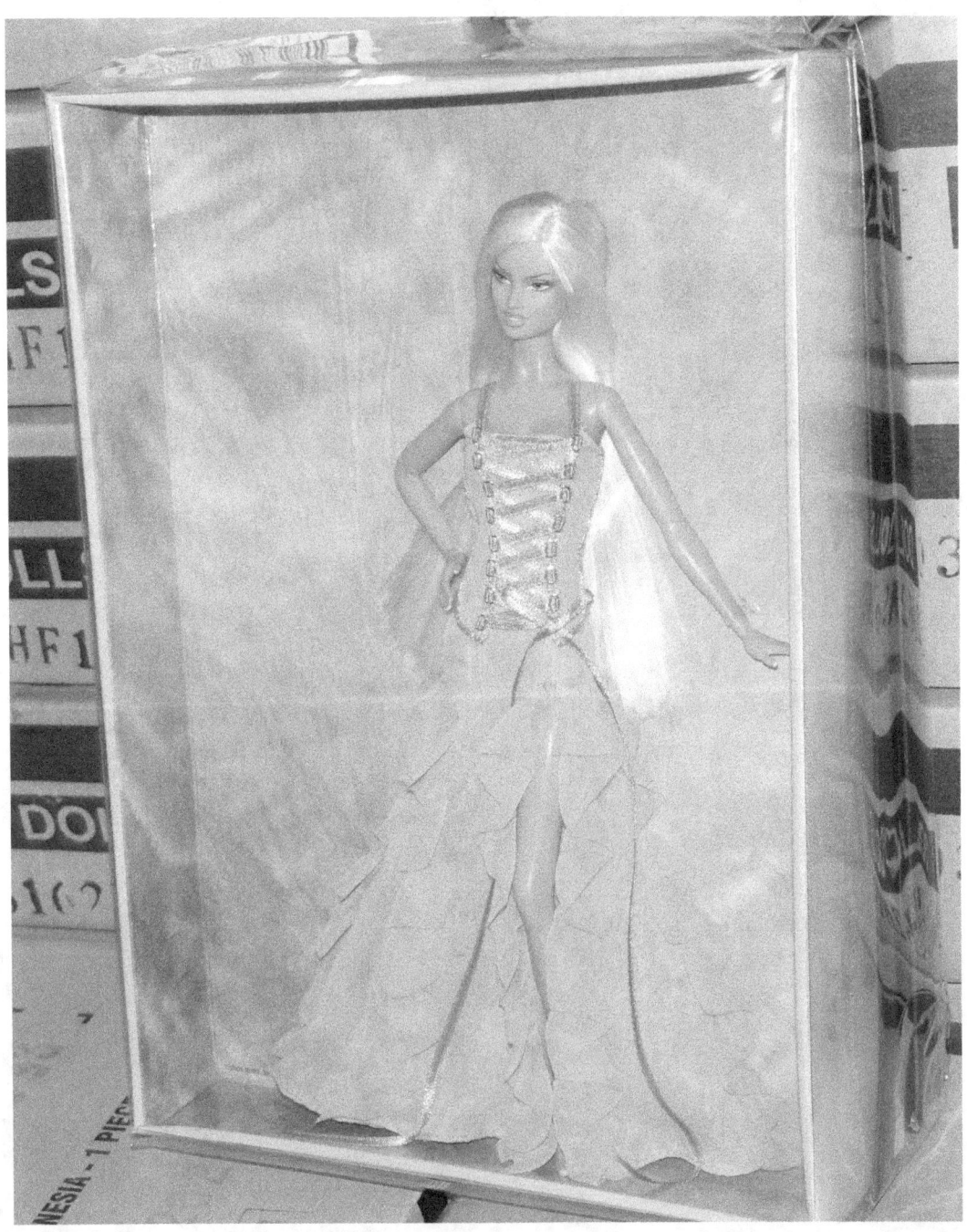

Barbie "Versace" 2.004

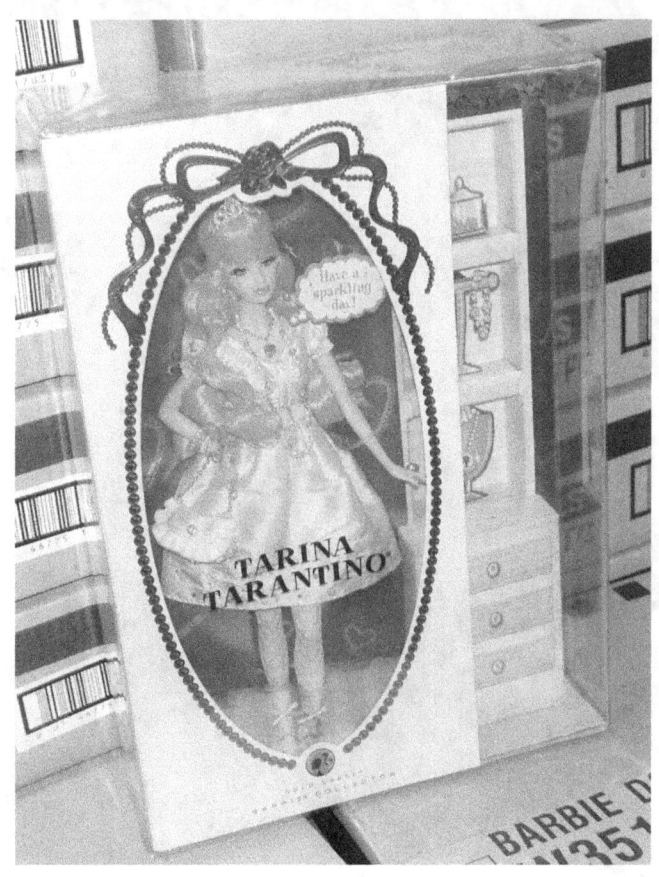

Barbie "Tarina Tarantino" 2.008

Barbie "Christian Dior" 1.996

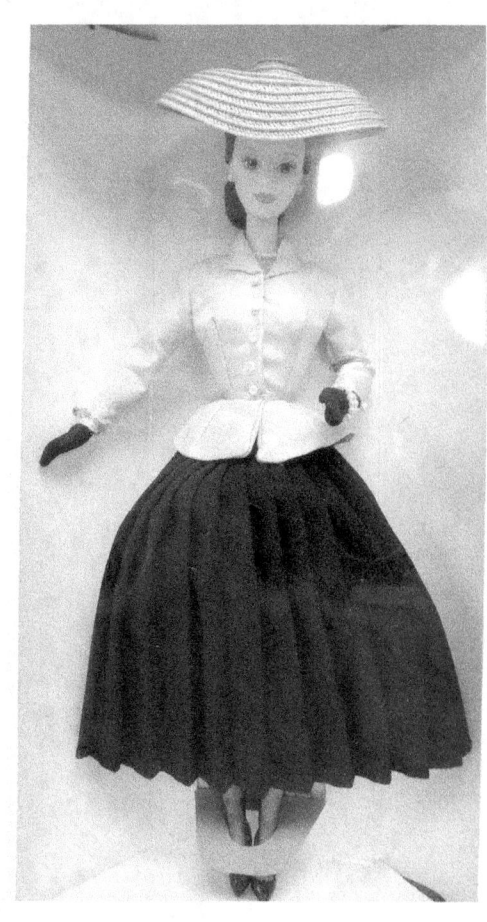

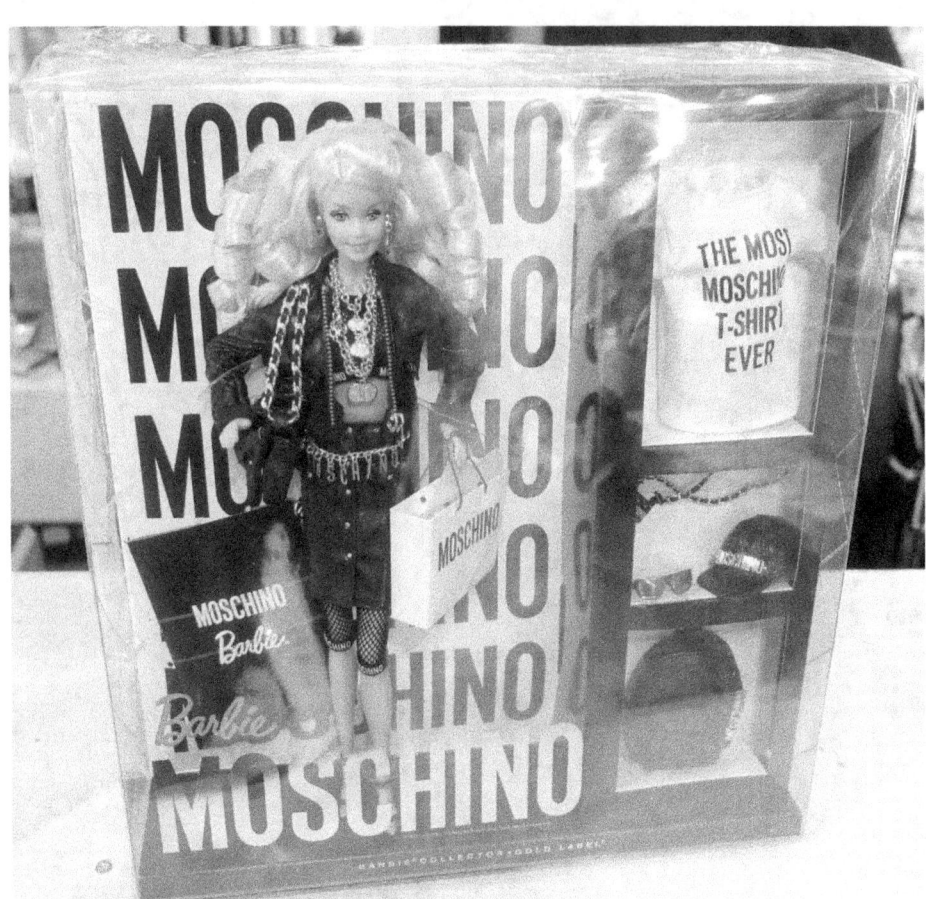

"Moschino"
2.015

Barbie "Pertegaz" 1.988

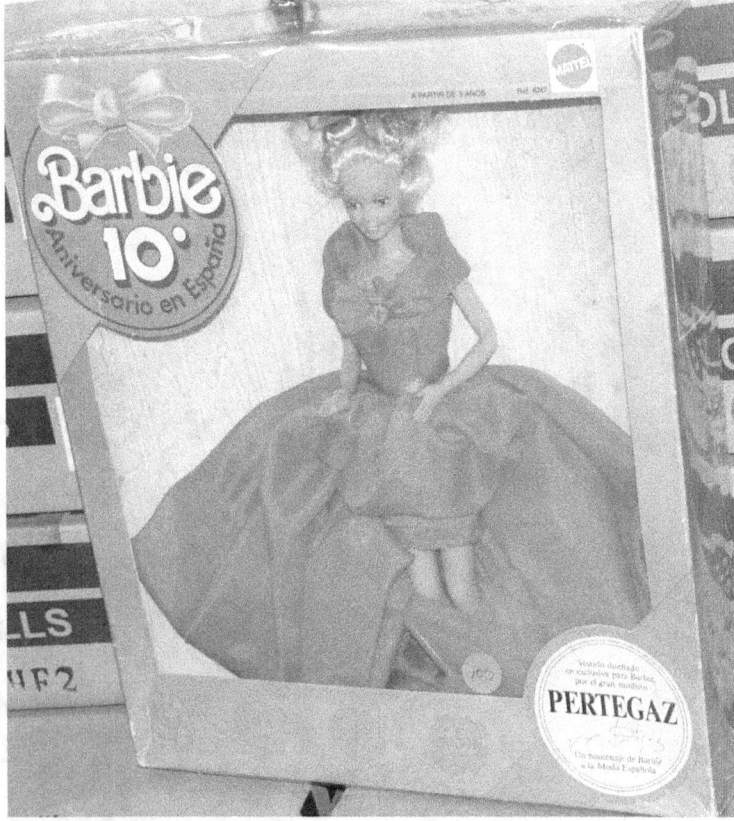

Un'altra sezione tra le mie preferite è quella dedicata al **mondo del cinema**, e probabilmente la più collezionata. Marilyn Monroe, Audrey Hepburn, Vivien Leigh, Grace Kelly, Elizabeth Taylor, Margot Robbie e le protagoniste del film Barbie, Joan Collins e Linda Evans nei loro ruoli di Alexis e Krystle in Dinasty. I Munsters, la Famiglia Addams, James Bond, la saga DC: Superman, Batman, Wonder Woman... l'elenco è infinito.

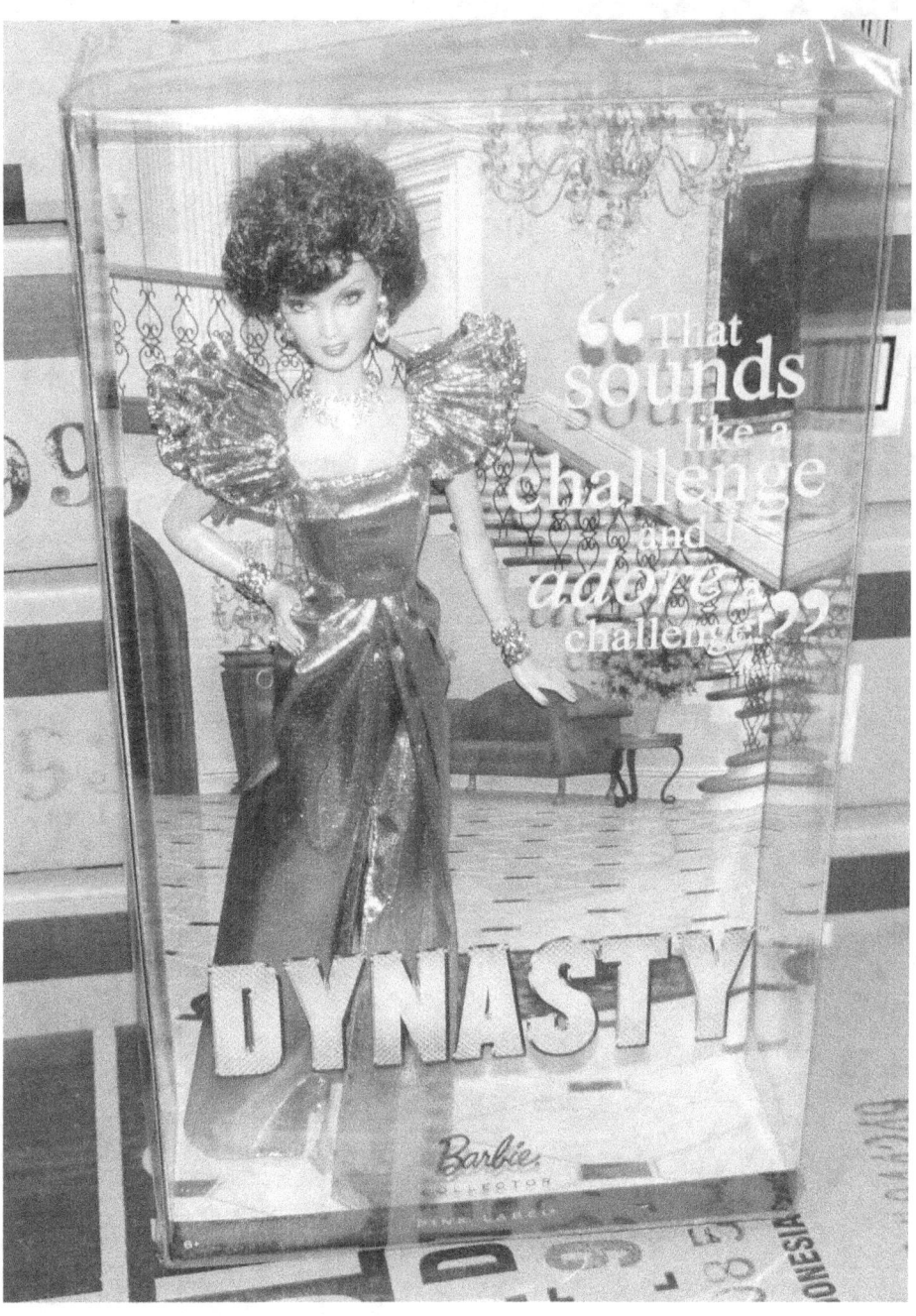

Alexis Colby, 2.010

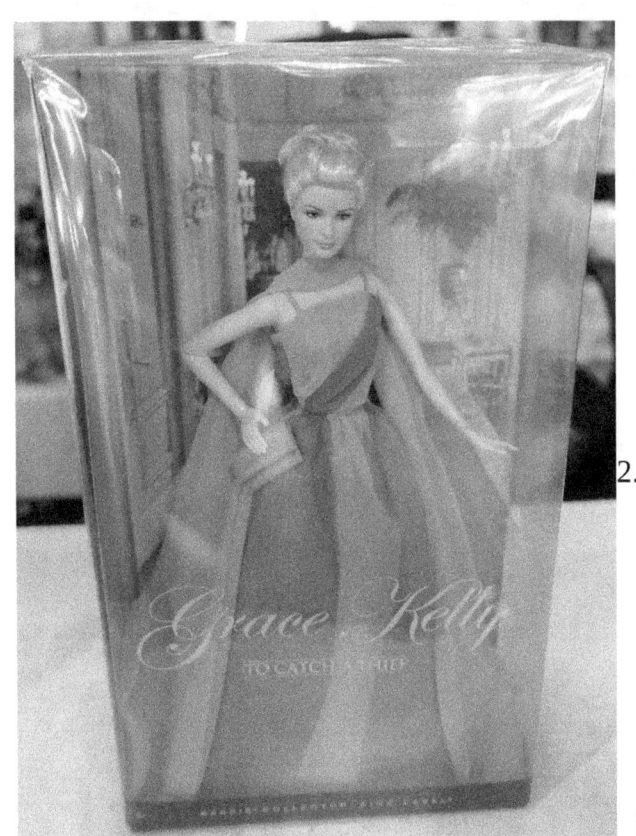

Grace Kelly "To Catch a Thief" 2.011

Scarlett O´Hara "Gone with the Wind" 2.013

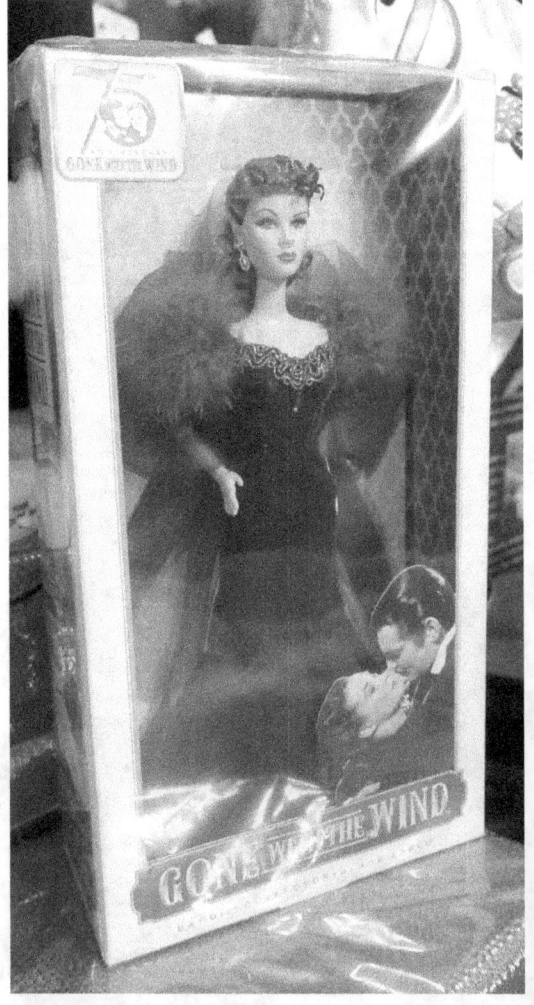

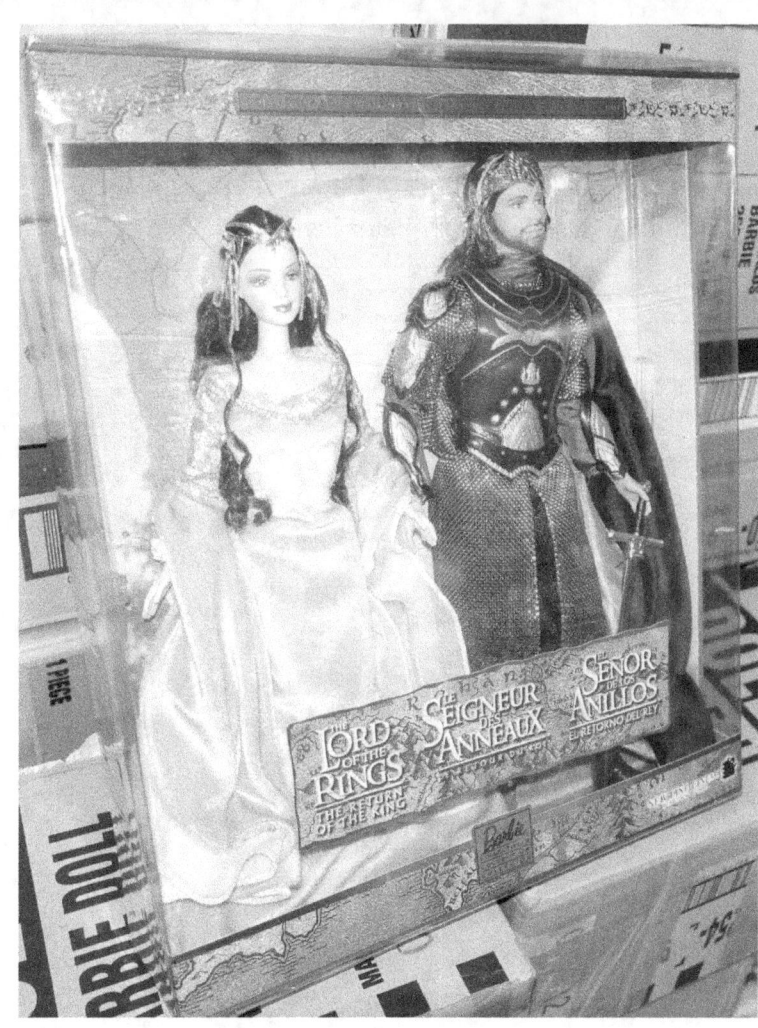

Barbie "Lord of the Rings" 2.003

Marilyn Monroe " Happy Birthday MR President" 2.001

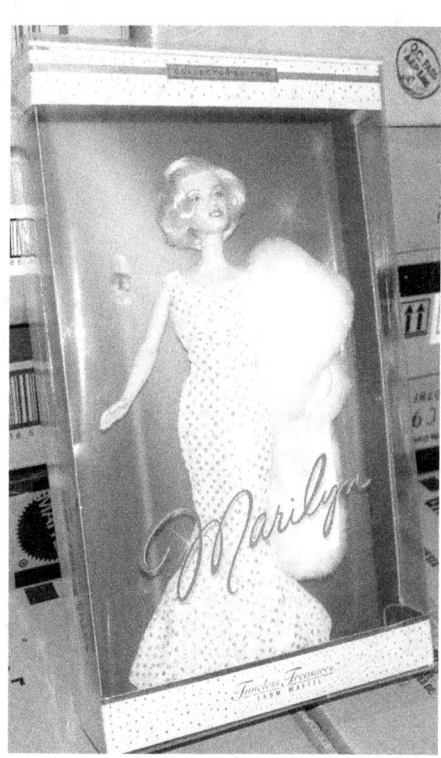

Anche la collaborazione di Barbie con la **Disney** è importante: Cenerentola, La Bella e la Bestia... In questa sezione, molti collezionisti includono tutte le bambole Disney prodotte da Mattel, anche se non riportano il nome di Barbie sulla scatola, come le diverse versioni di Topolino e Minnie, Crudelia de Vil, Peter Pan...

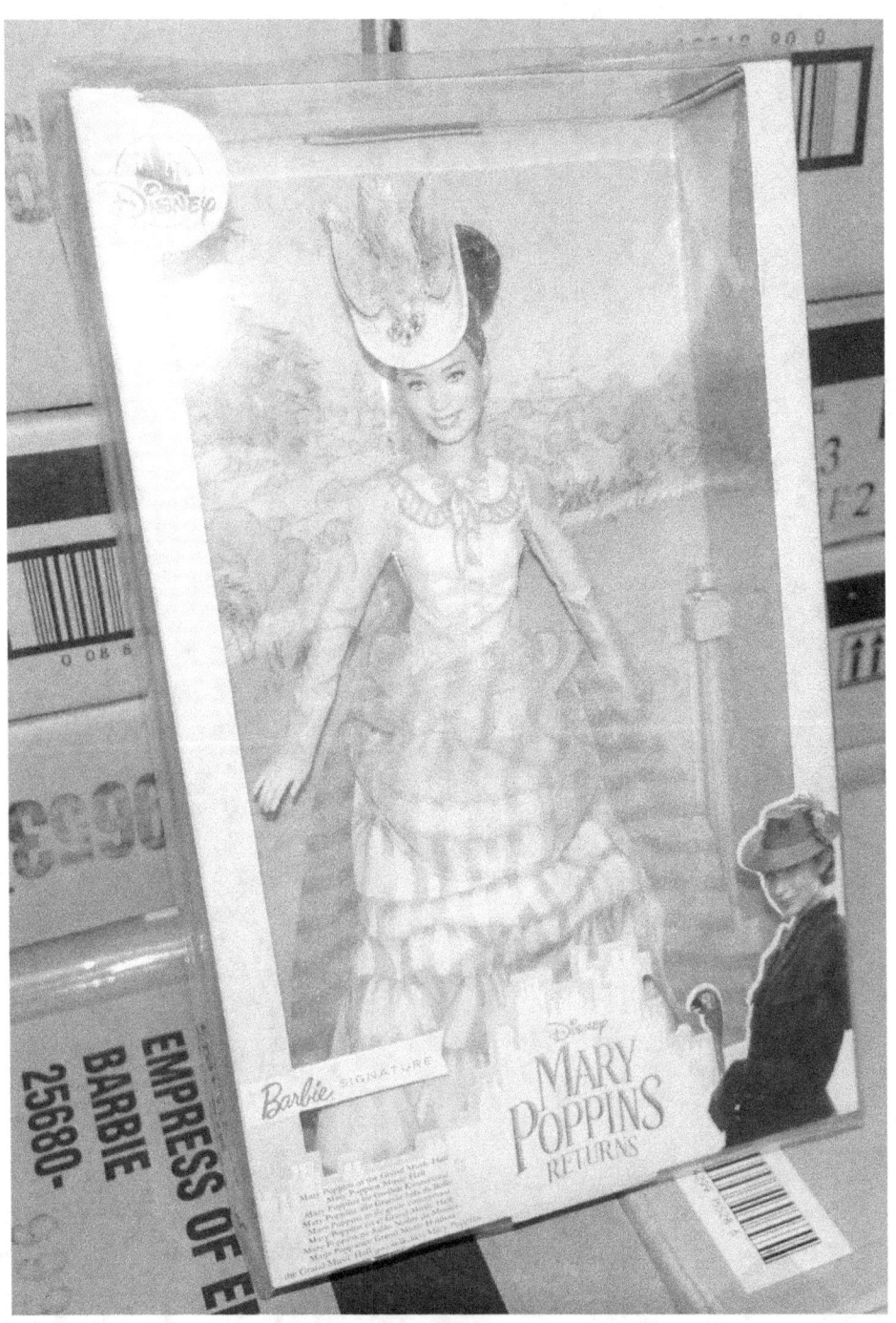

"Mary Poppins Returns" 2.018

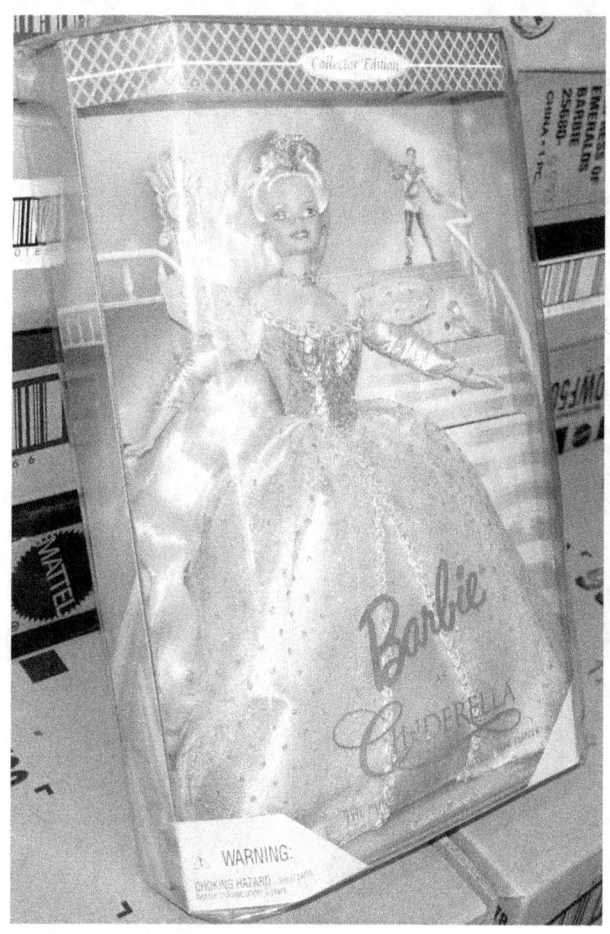

Barbie "Cinderella" 1.996

Barbie "Sleeping Beauty" 1.997

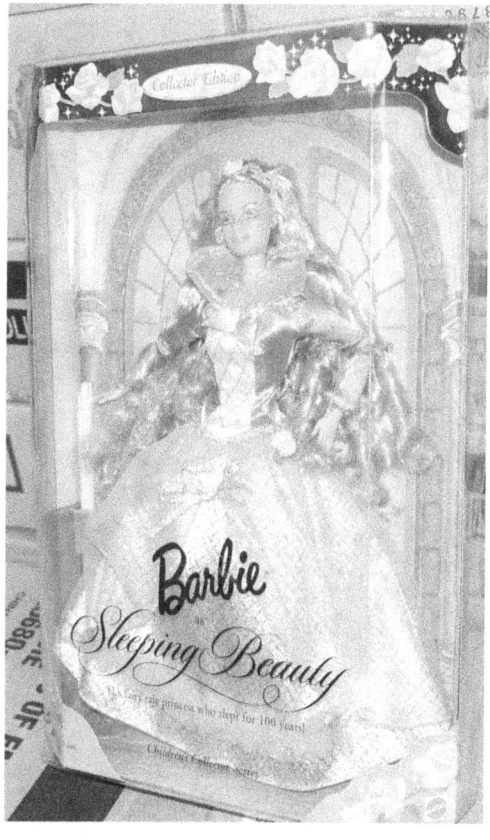

Nel corso degli anni, ho notato che le serie dedicate al mondo della **fantasia** tendono ad avere molto successo (si vedano le foto online delle collezioni "Haunted Beauty", "Fantasy Goddess" e "Mythical Muse").

"Zombie Bride" 2.015

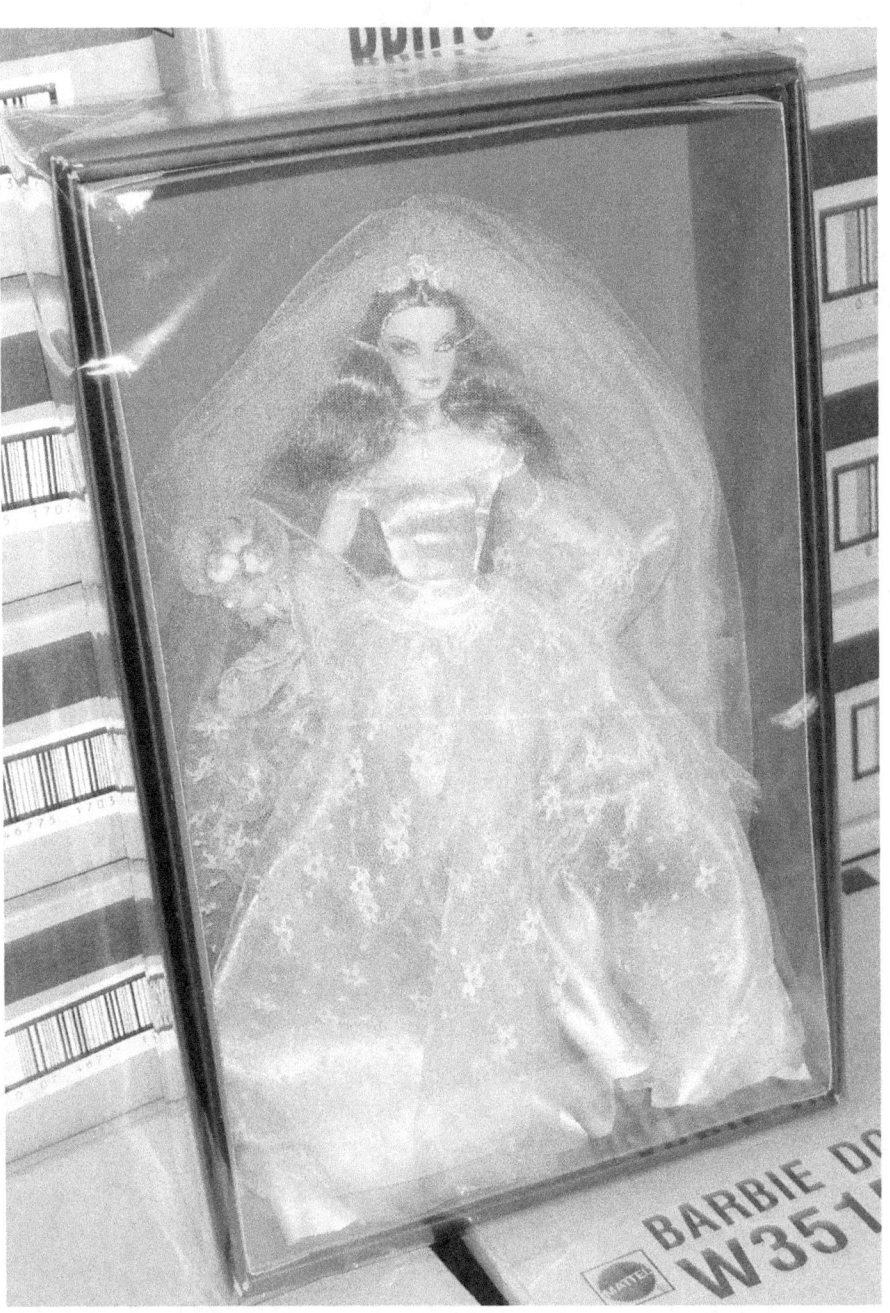

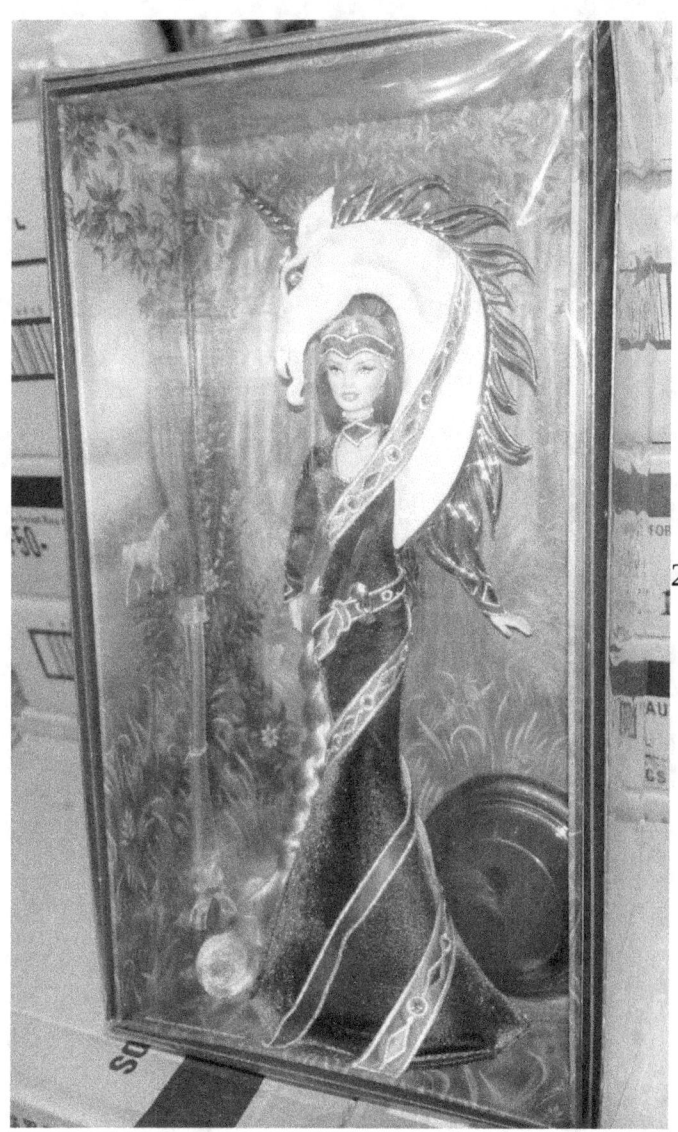

"Lady of the Unicorns" 2.007

"Vampire" 2.013

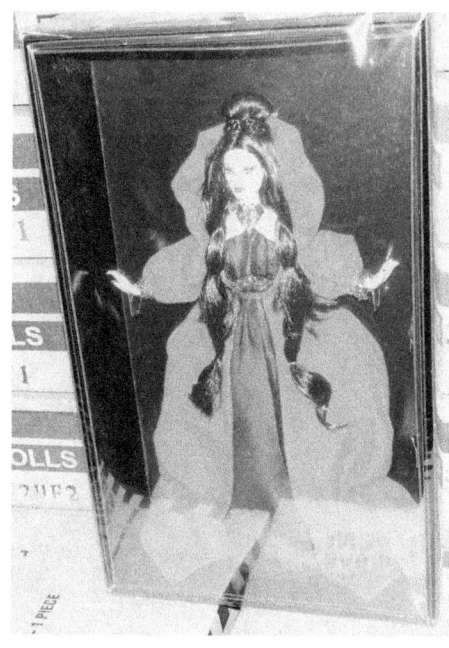

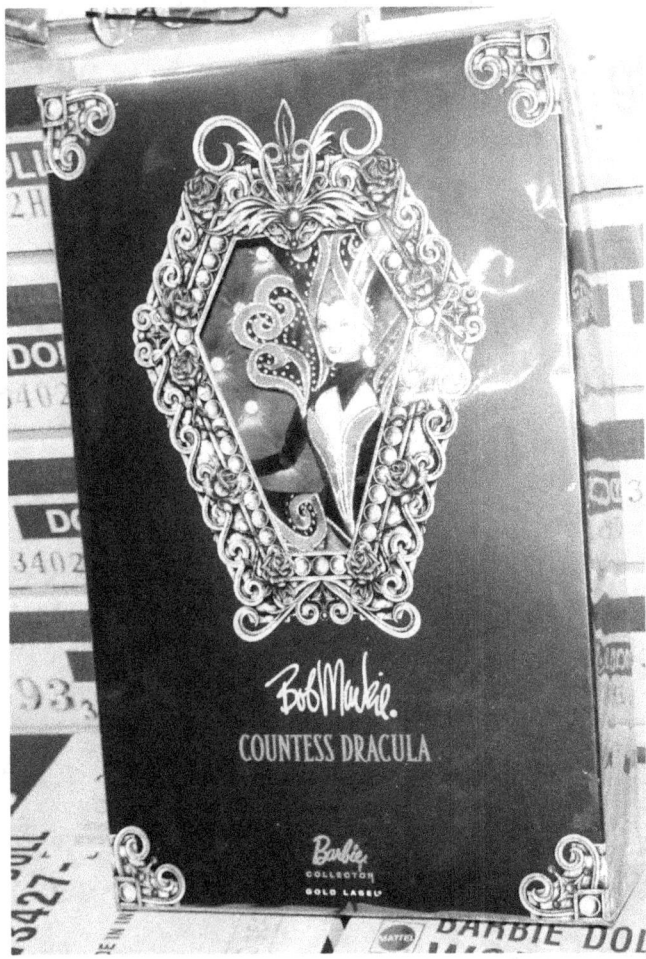

"Countess Dracula" 2.011

Barbie "The Mermaid" 2.011

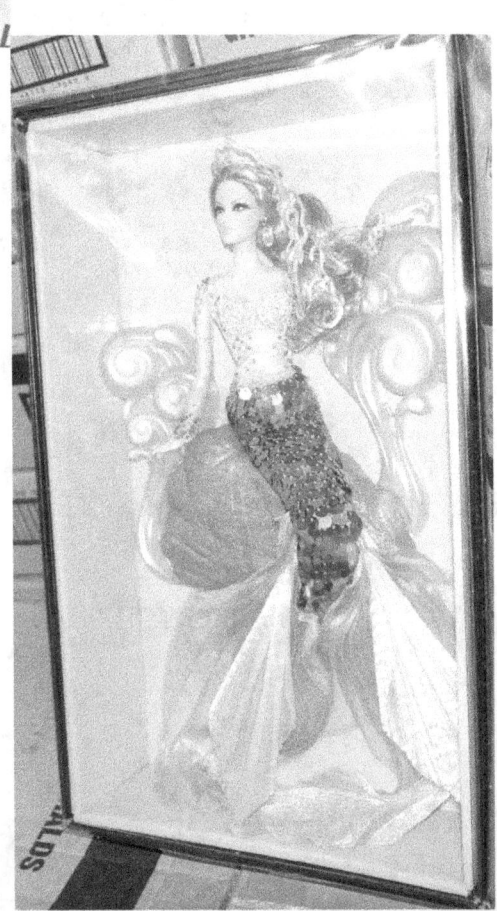

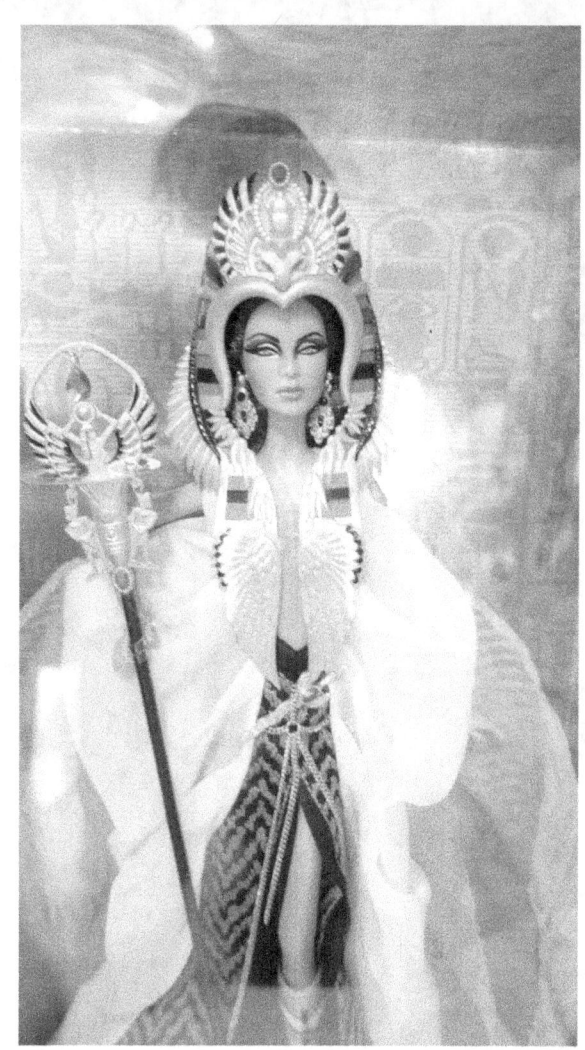

"Cleopatra" 2.010

"Dia de los Muertos" 2.019

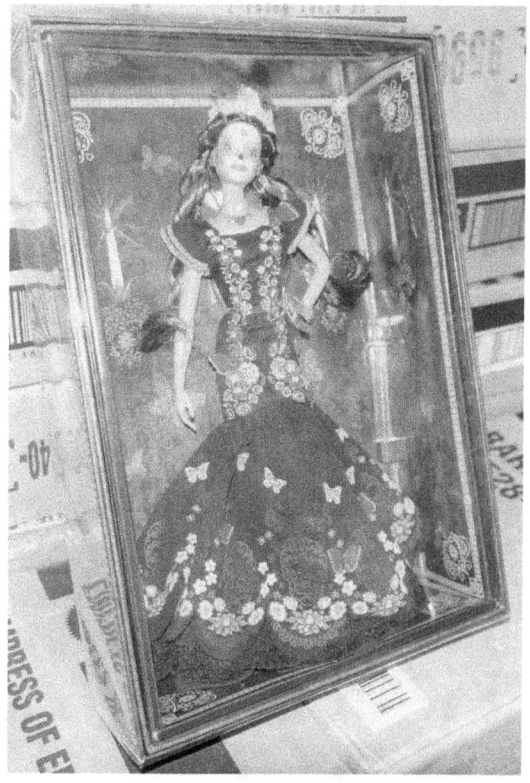

Per i fan del vintage, c'è una **collezione di ristampe**, copie perfette di edizioni precedenti che sarebbero quasi impossibili da trovare oggi ("Campus Spirit", "My Favorite Ken", "Swirl Ponytail"...).

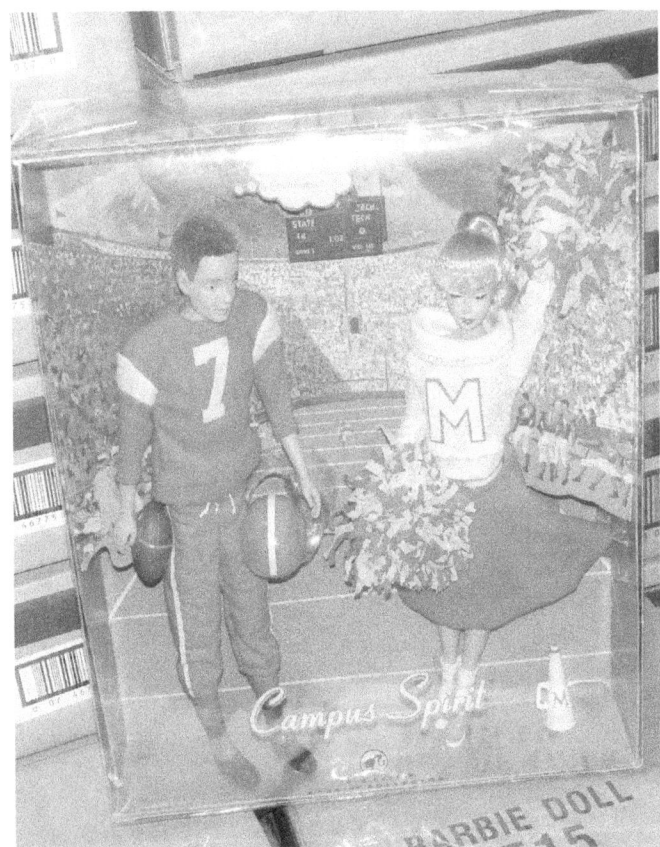

"Campus Spirit" 2.018

"Swirl Ponytail" 2.009

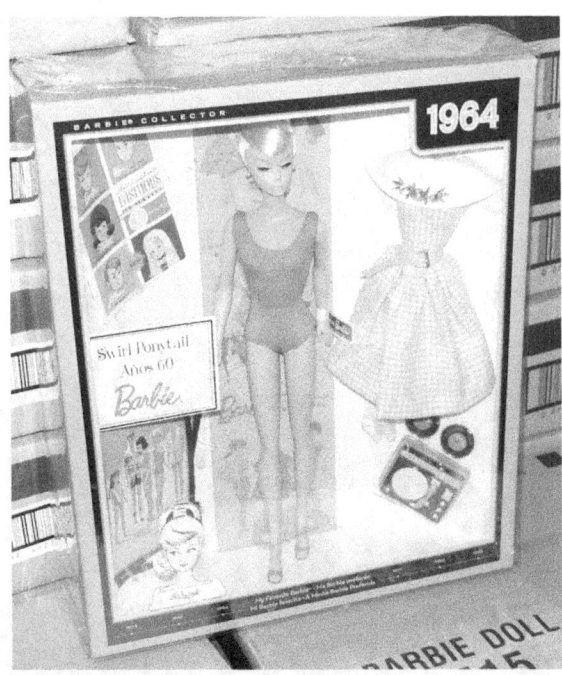

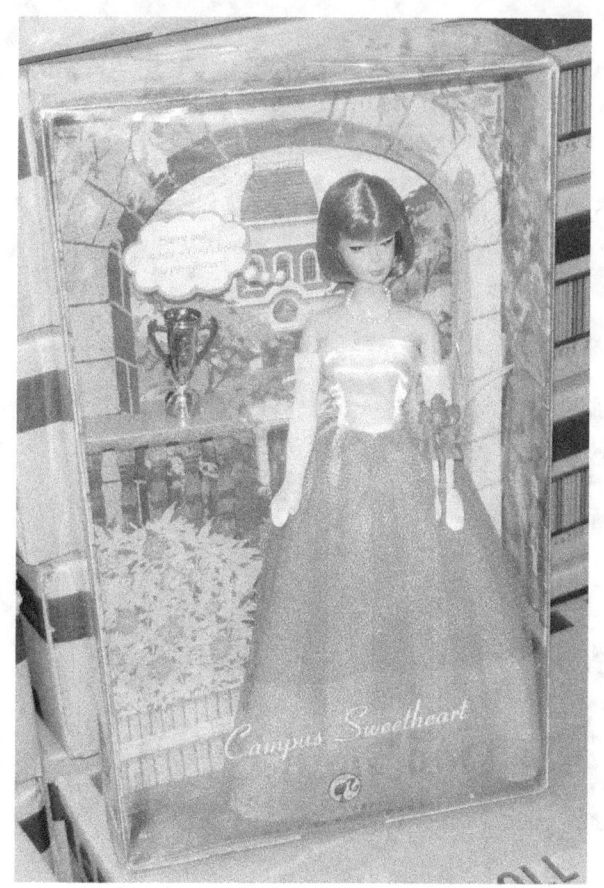

"Campus Sweetheart" 2.007

"My Favortie Ken" 2.010

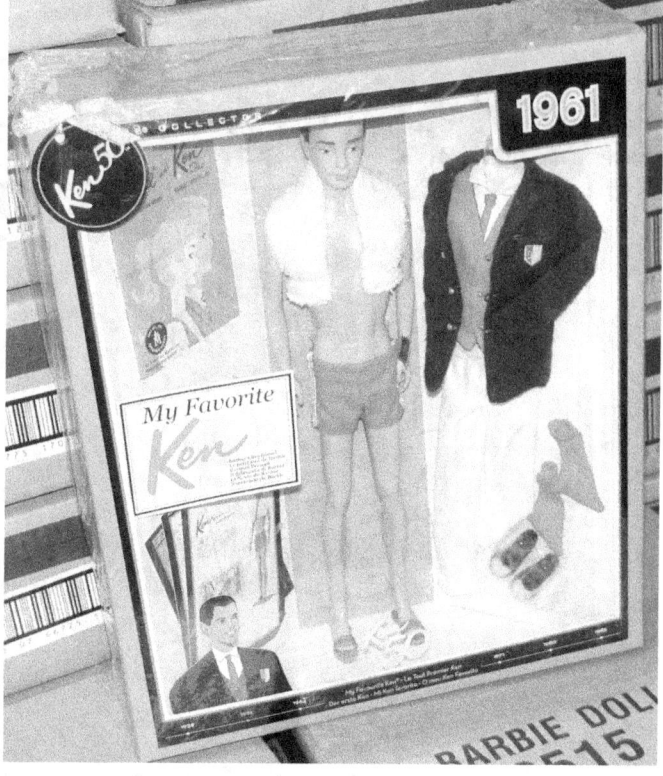

Ma i punti di vista sono tanti, ognuno ha i suoi gusti e ci sono mille criteri diversi per classificare una bambola in una sezione o in un'altra. Ad esempio, trovo molto interessanti tutte le edizioni che includono una **Barbie e un Ken** (o due Barbie... sperando un giorno in due Ken) nello stesso espositore, e alcune scatole sono veri e propri diorami (Barbie Ken Zac Posen, Wonder Woman "Paradise Island"...).

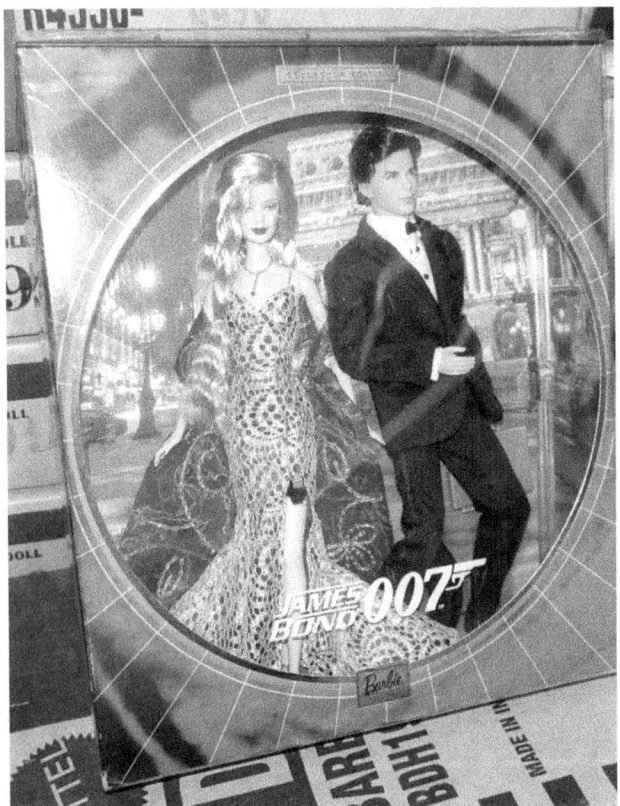

"James Bond" 2.002

"Addams Family" 2.000

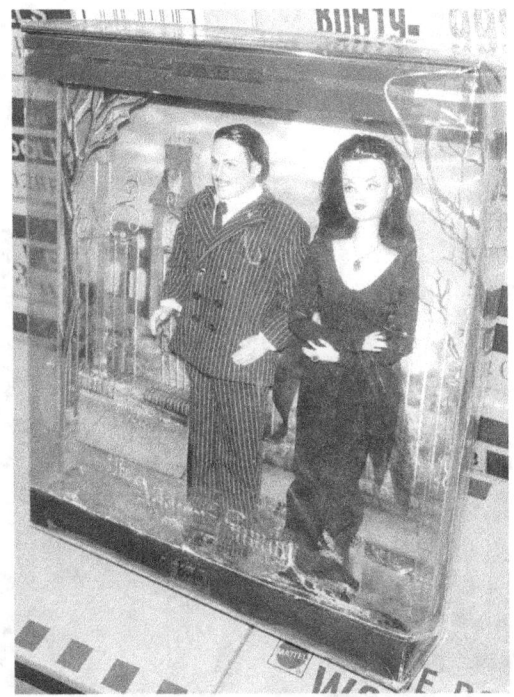

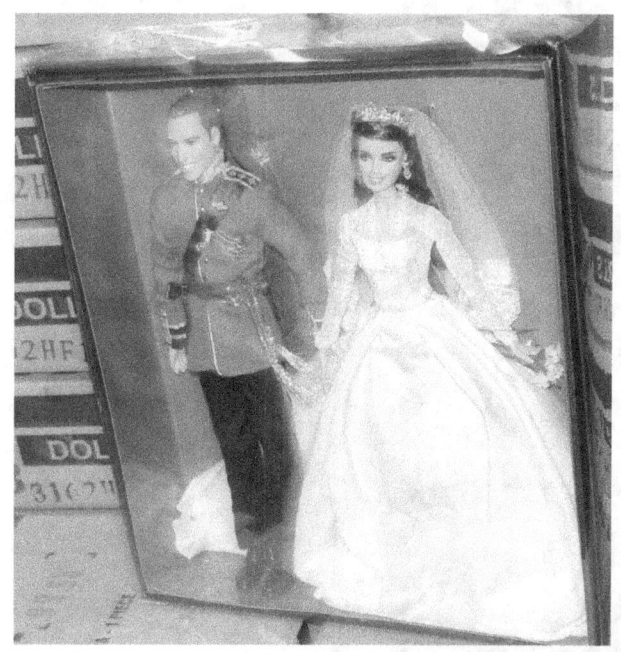

"Royal Wedding" 2.012

"The Waltz" 2.003

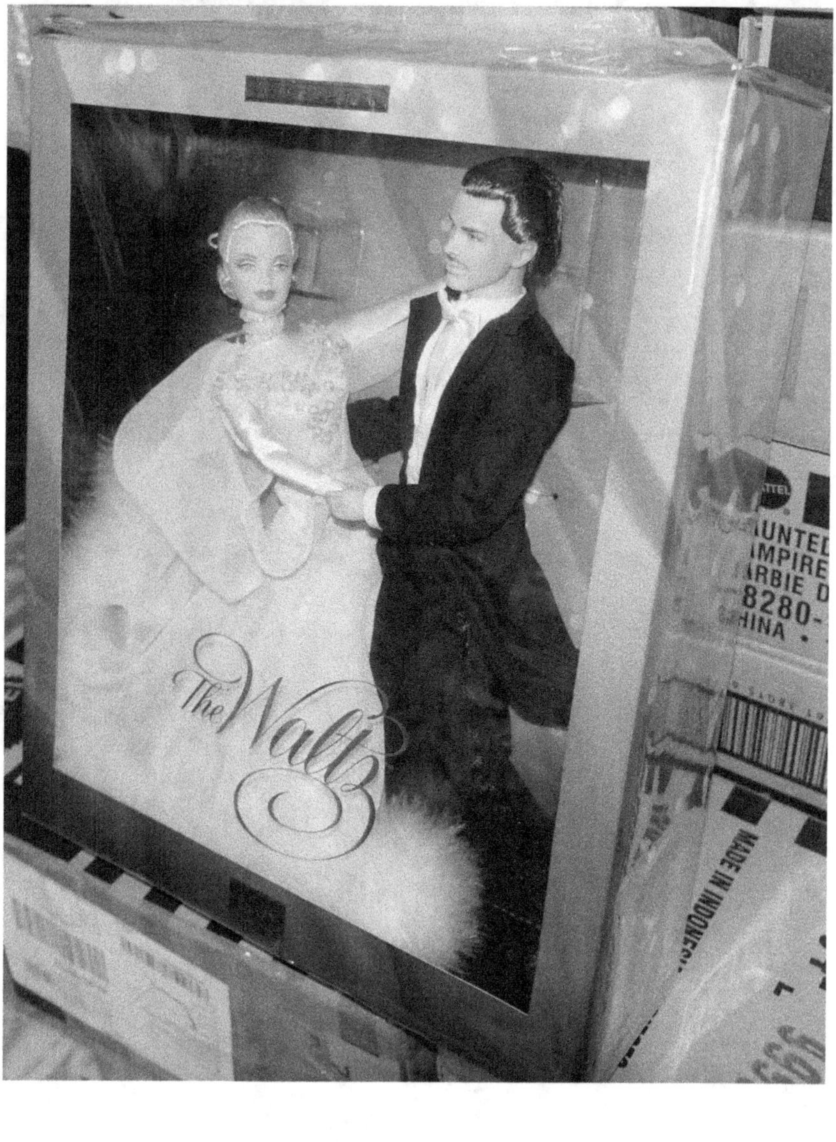

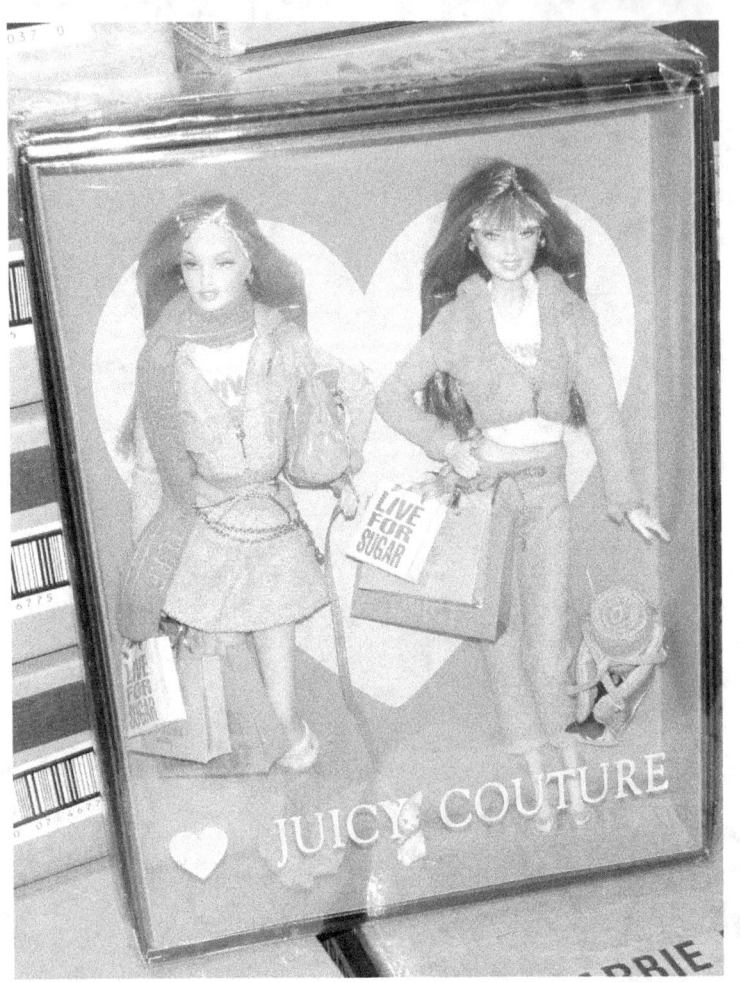

"Juicy Couture" 2.004

"Romeo and Juliet" 1.997

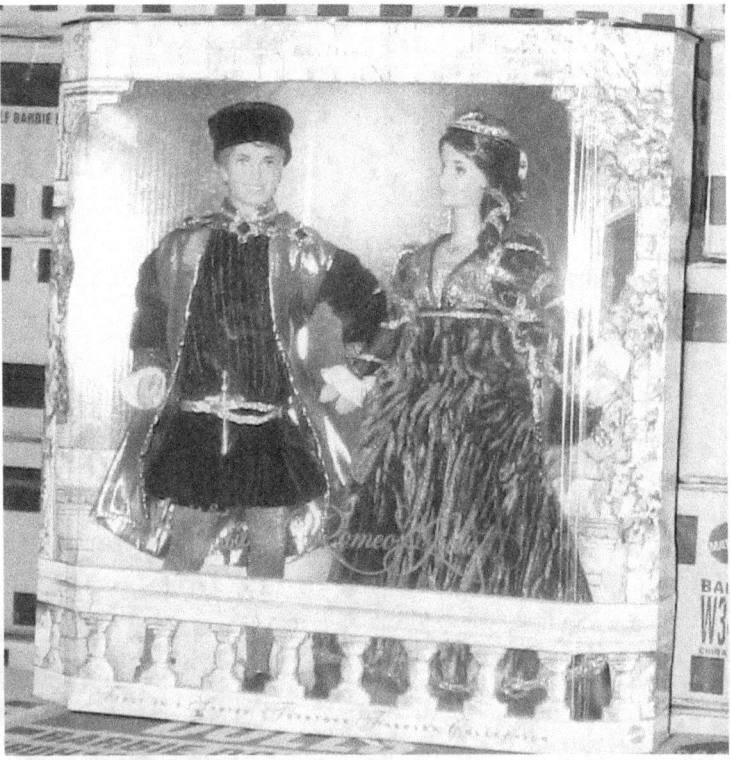

5.- La conservazioni.

Questa sezione è molto importante per me. Il tempo passa senza che ce ne si accorga e, per quanto ci si prenda cura delle bambole, la semplice esposizione alla luce del sole, alla polvere o anche all'umidità può alterare le condizioni esterne della scatola anno dopo anno. Per evitare questo inconveniente, utilizzo la stessa plastica trasparente che i fioristi usano per avvolgere i mazzi di fiori: è una plastica piuttosto dura che impedisce ogni possibile danno. Un'altra soluzione più pratica e semplice è la pellicola di plastica utilizzata per avvolgere gli alimenti, che si trova di solito in qualsiasi supermercato.

Se preferite concentrare la vostra collezione sulle Barbie non incartate, vi consiglio di esporle in teche di vetro, perché senza scatola sono molto più vulnerabili alla polvere e ad altri elementi. So di collezionisti le cui bambole non solo si sono scolorite a causa dell'esposizione al sole, ma si sono anche deformate a causa del calore estremo. Se vivete in un clima freddo, ovviamente non dovete preoccuparvi di questi problemi, ma evitate di posizionarle vicino a fonti di calore come i termosifoni.

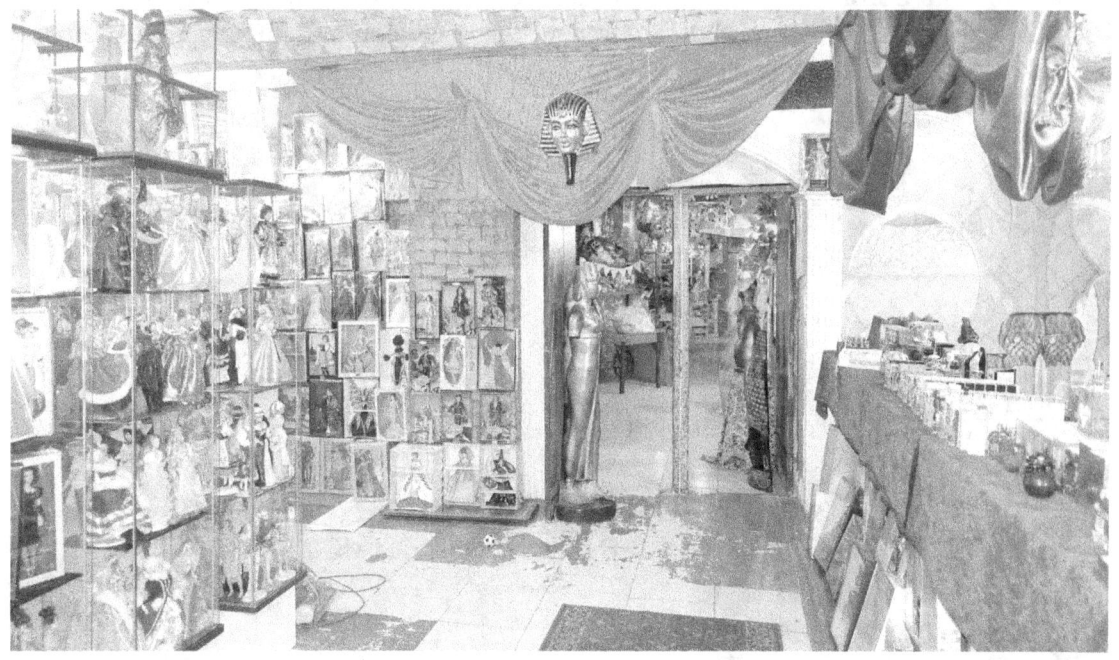

6. "Giocare" con Barbie.

Tutti abbiamo avuto una Barbie che ci ha affascinato così tanto da non poter resistere a toglierla dalla sua confezione. Se siete voi, non resistete, io ho ancora i miei preferiti, che siano costumi o bambole. Da amante del cinema classico, vi assicuro che non c'è soddisfazione più grande che scoprire come sarebbero state Elizabeth Taylor o Vivien Leight con un abito diverso. La copertina della mia prima guida ne è un esempio: ho utilizzato la Barbie Elizabeth Taylor White Diamonds (2000) con il costume Elizabeth Queen "Great eras collection" (1996). Oppure, per le più giovani, immaginate Margot Robbie o la vostra Barbie preferita con un abito di Cleopatra, Versace o Dior..... Naturalmente, lo stesso vale per Ken: credetemi, le combinazioni sono infinite.

Vorrei anche incoraggiare i più creativi a progettare le proprie edizioni, chiamate OOAK (One Of A Kind). È una cosa che non mi vedo in grado di fare, ma ho sentito di collezionisti che, oltre a creare i propri abiti per le bambole, si spingono oltre e osano cancellare i tratti del viso di Barbie e ridisegnare il suo volto secondo la propria immaginazione. Su YouTube si possono trovare diversi video didattici su questa tecnica. Come per ogni cosa, vi consiglio di avere pazienza e di non lasciarvi scoraggiare dai primi risultati: dopo tutto, Michelangelo non ha dipinto la Cappella Sistina il primo giorno. Ho visto Barbie OOAK che sono vere e proprie opere d'arte e, a seconda dell'abilità dell'artista, possono superare in bellezza le edizioni più limitate ed elaborate della Mattel.

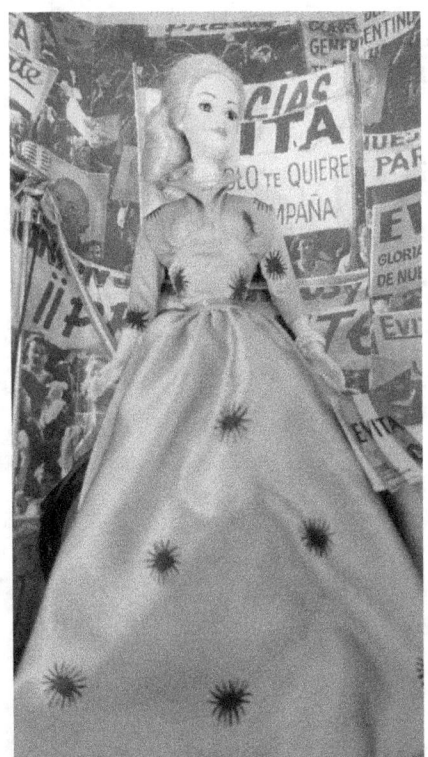

Barbie "Evita" OOAK

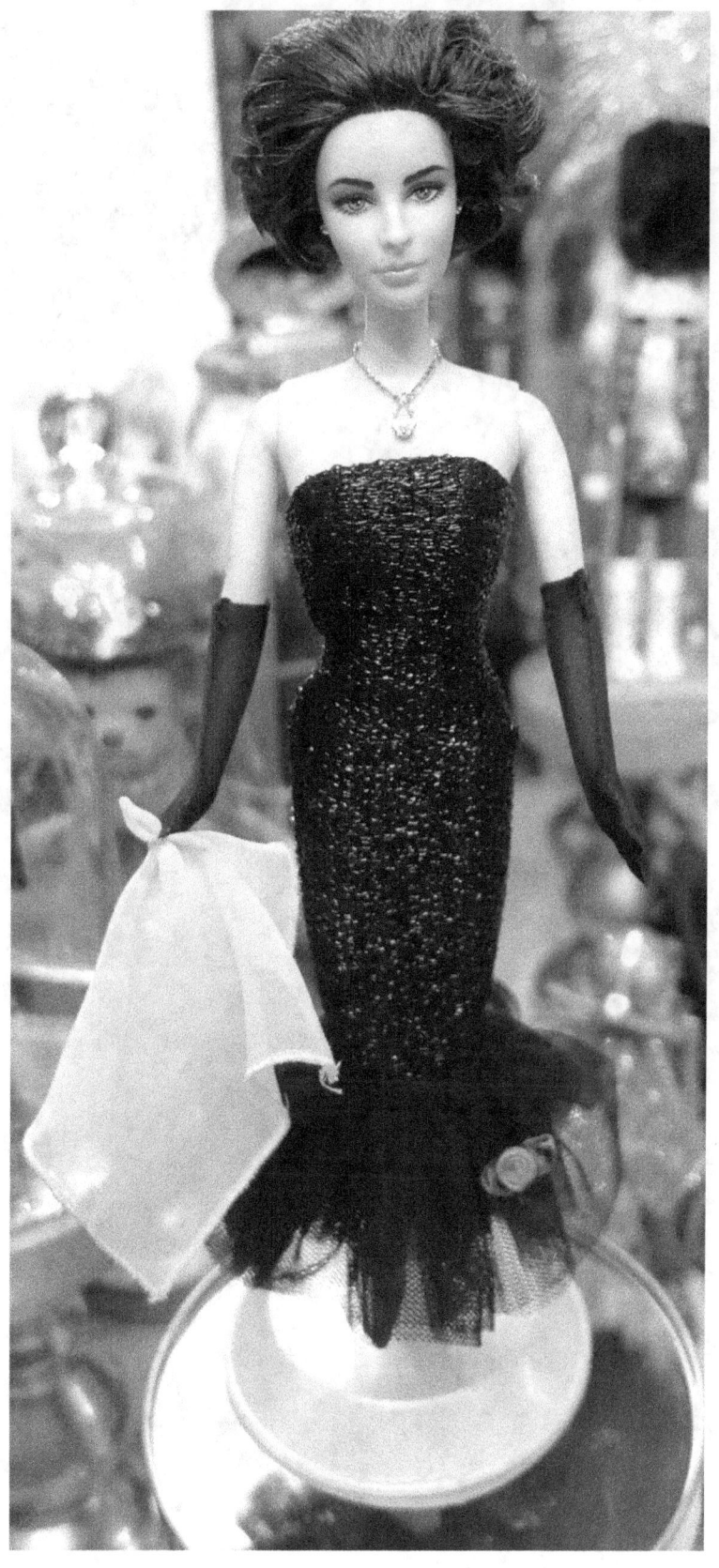

Elizabeth Taylor avec "Solo in the Spotlight" robe, 1.994

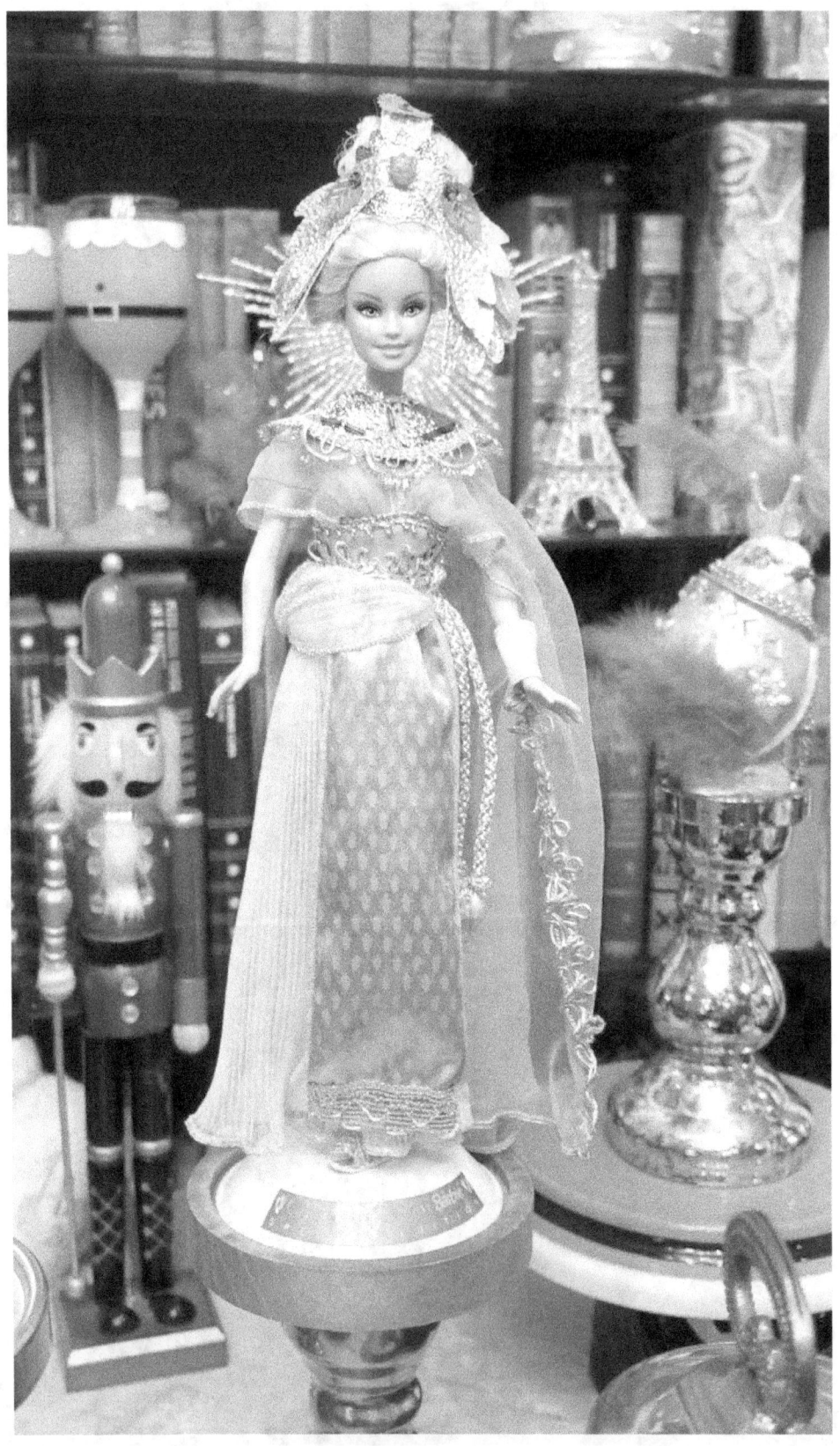

Barbie actuelle avec "Egyptian Queen" robe, 1.993

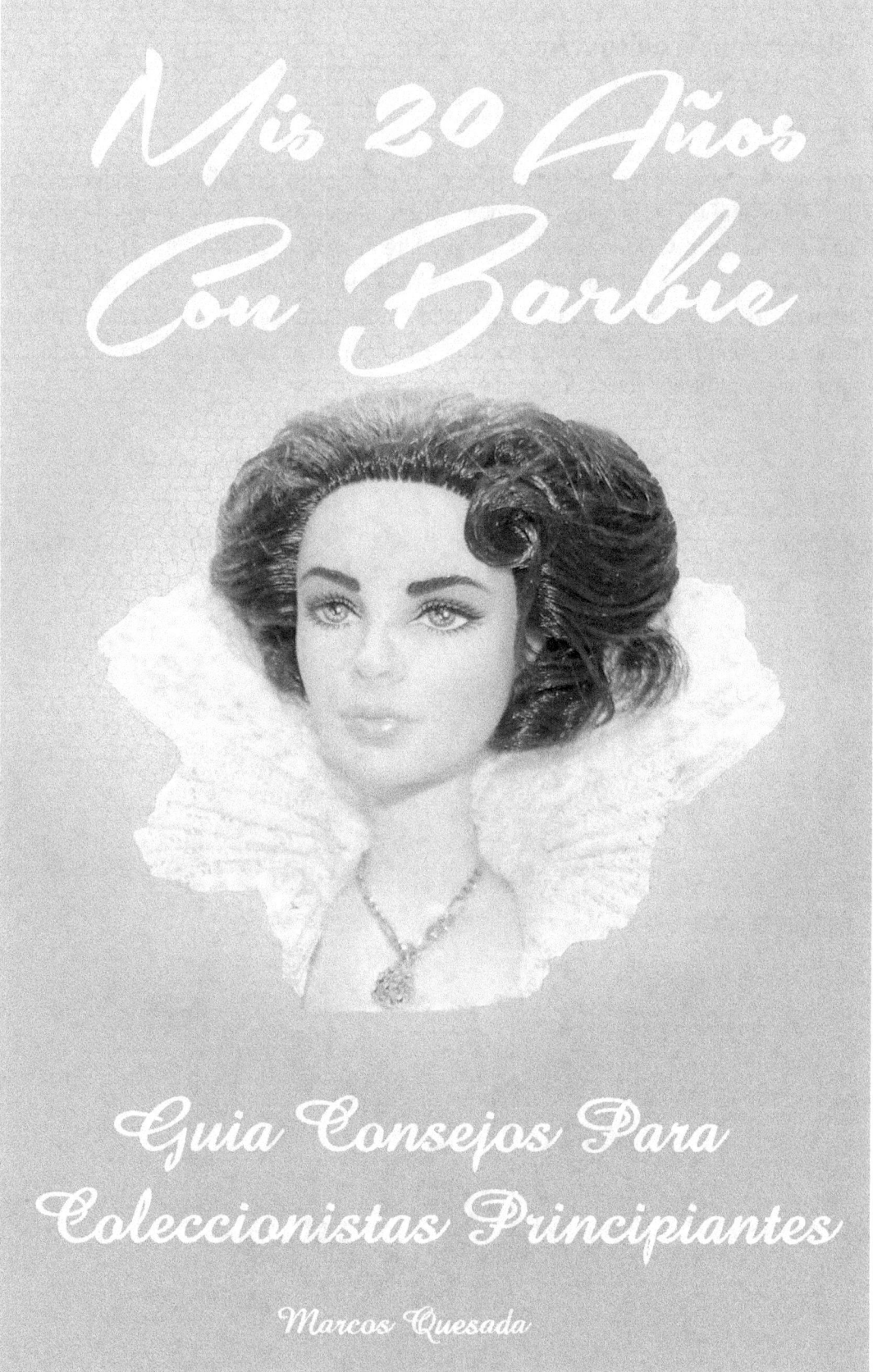

Mon dernier guide (2.019)

7. Altre bambole da collezione.

- Franklin Mint.

Trovo queste bambole molto interessanti, c'è un'intera serie su Diana, Principessa del Galles, di incredibile perfezione, ma anche grandi attrici come Vivien Leigh. Marilyn Monroe e Grace Kelly. Sono leggermente più alte di Barbie, circa 40 cm. Il vantaggio di collezionarle è che non hanno molti fan e se si ha la pazienza di cercarle, si può trovare un buon affare. Se vivete al di fuori degli Stati Uniti, è più complicato, perché le poche bambole che sono riuscita a trovare erano su Ebay.com e le spese di spedizione e la dogana spesso moltiplicano il prezzo della bambola.

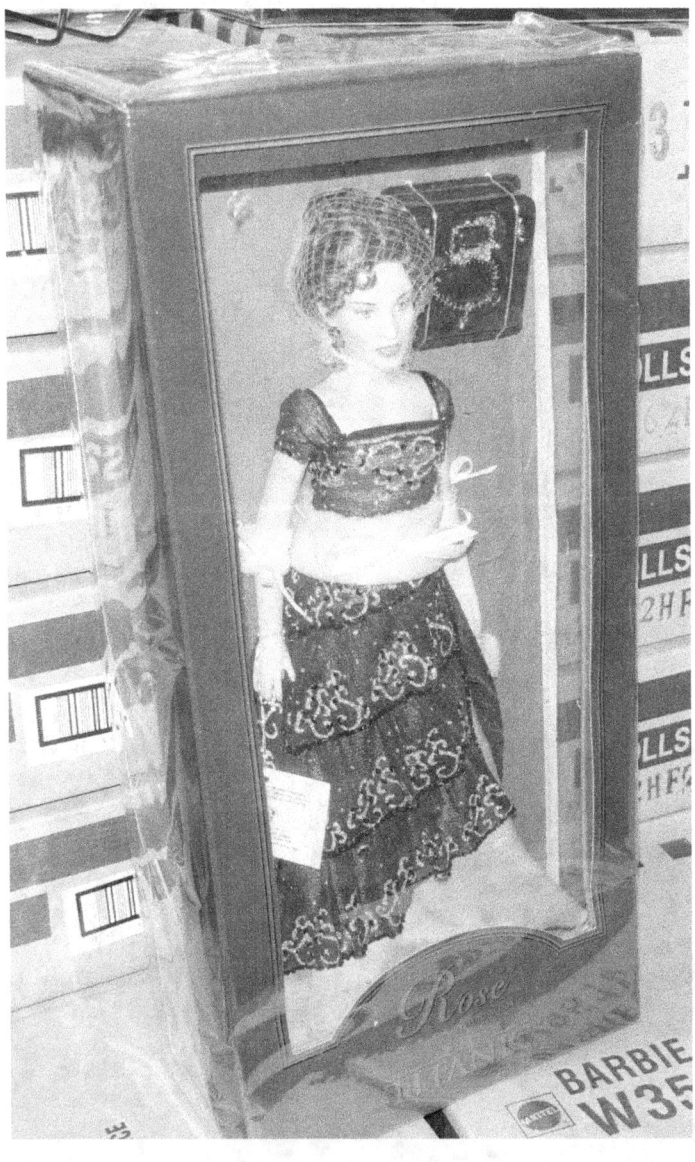

Rose "Titanic" in vinile..

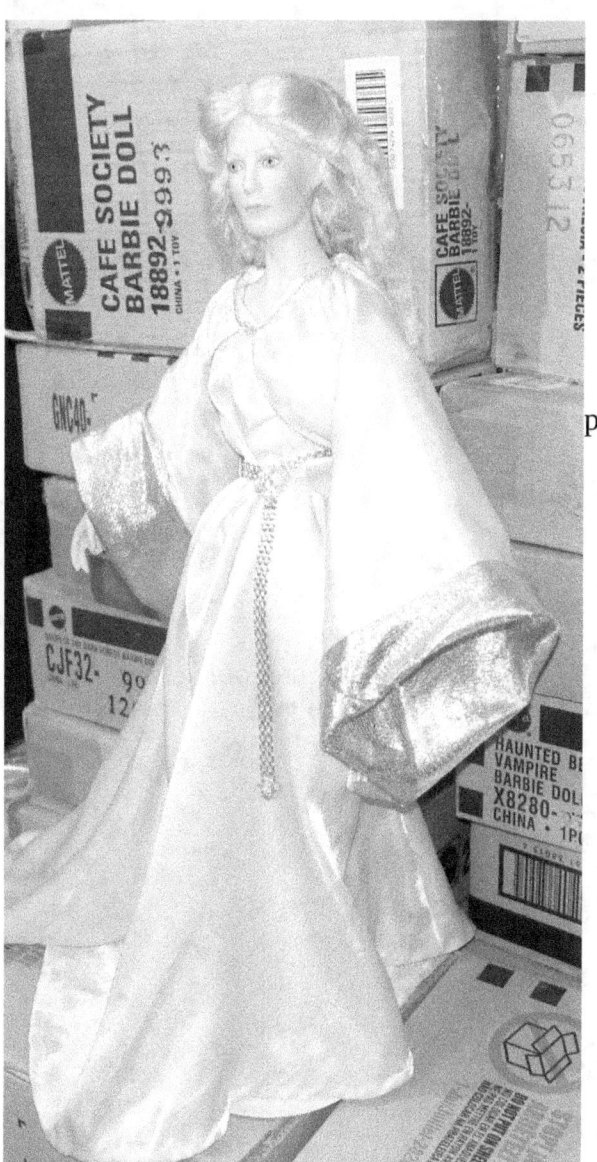

"Galadriel" Lord of the Rings, in porcellane.

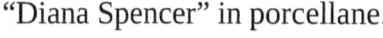

"Diana Spencer" in porcellane.

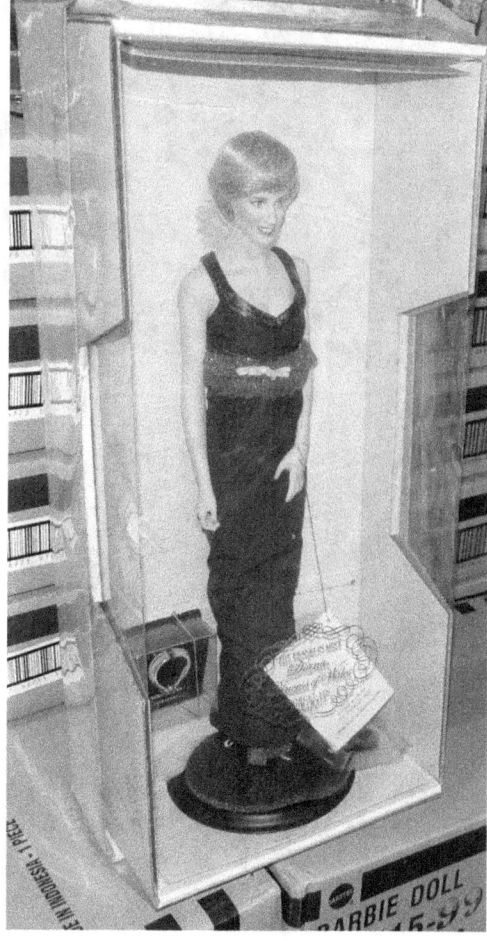

- **Monster High.**

All'inizio mi rifiutavo di collezionarli, ma c'erano così tante edizioni che hanno catturato la mia attenzione che alla fine ne ho aggiunte alcune alla mia collezione. È un altro mondo, anche loro sono della Mattel e, sebbene siano nati relativamente di recente, hanno già raggiunto un'enorme varietà.

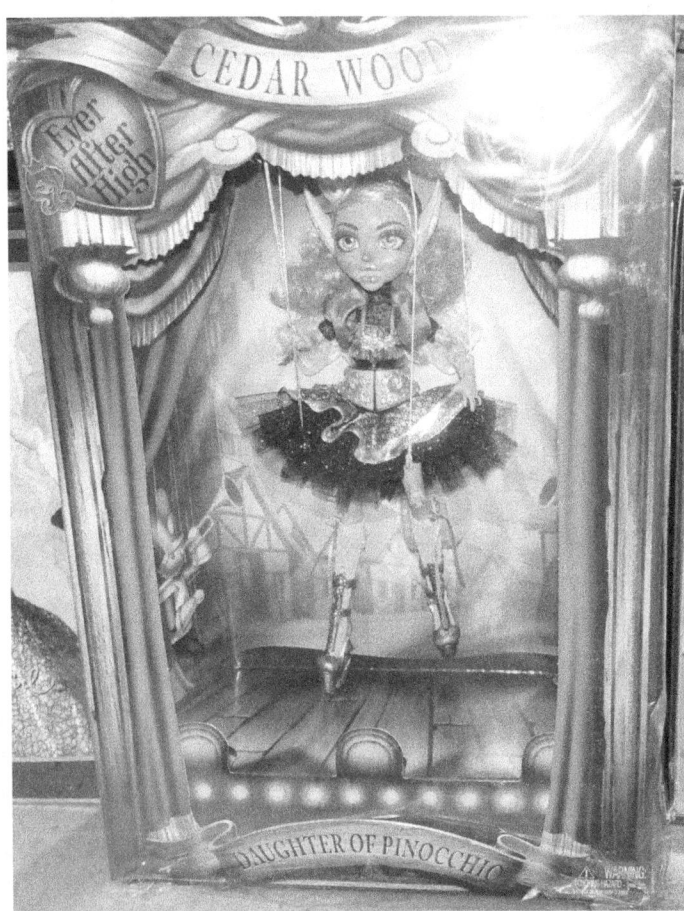

"Daughter of Pinocchio" Ever After High

Cleo and Deuce
"Howliday Love Edition"

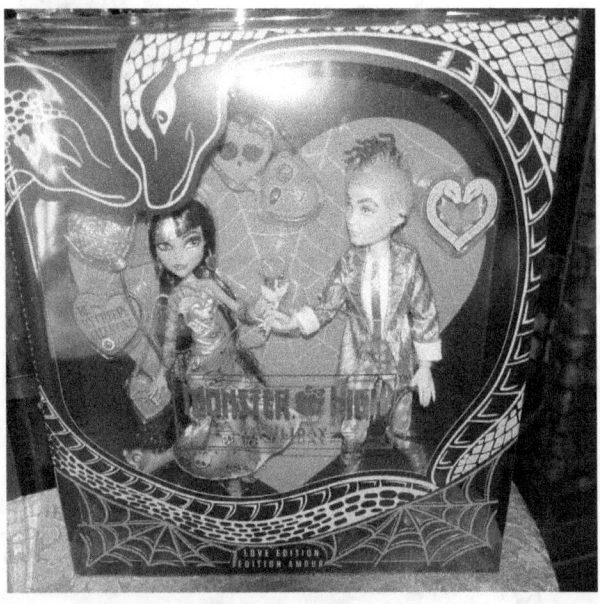

- **Madame Alexander.**

Poco conosciuto in Europa e molto difficile da ottenere.

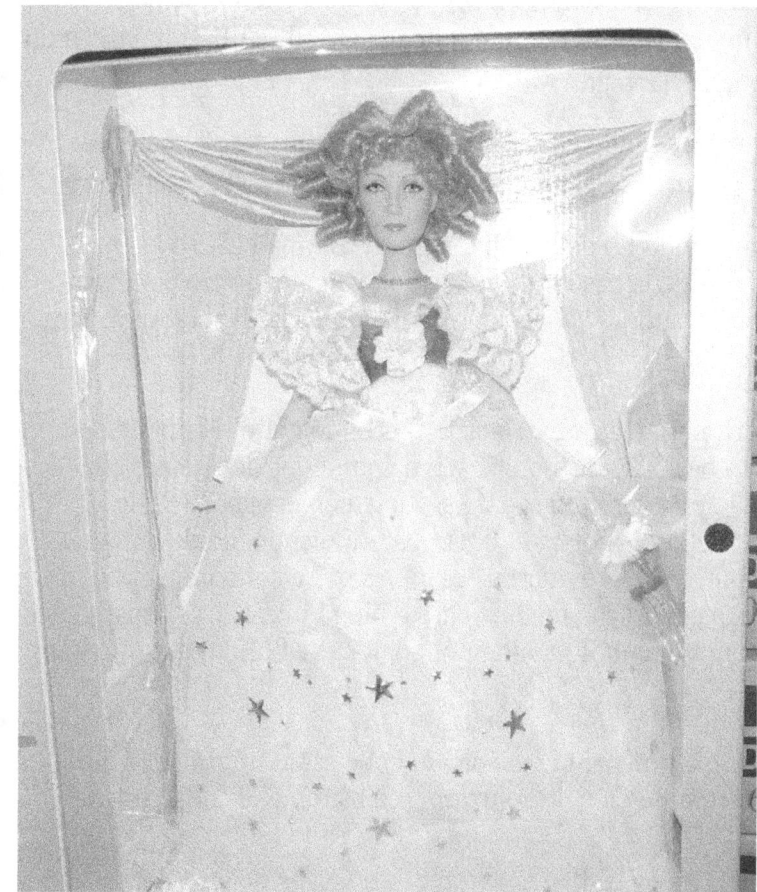

Greta Garbo "Camille"

Marlene Dietrich "Shangai Express"

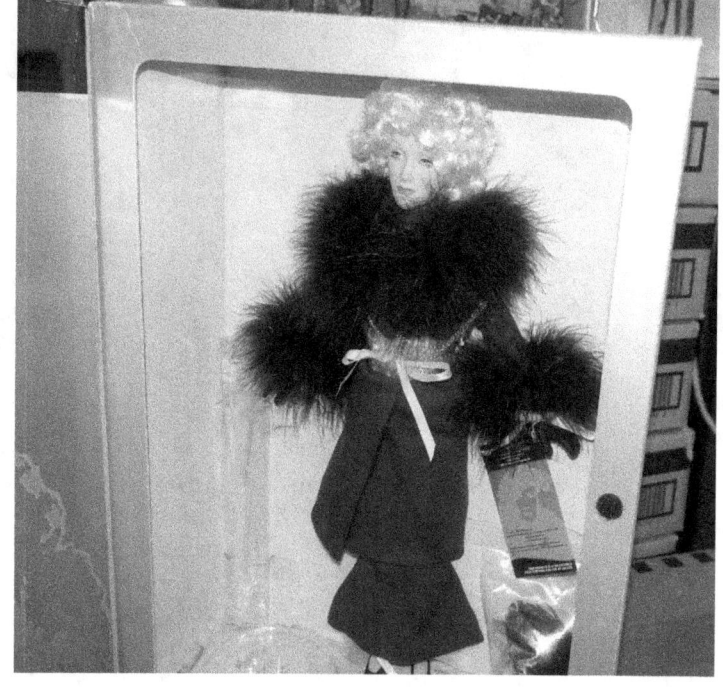

8 – La mostra.

Nel corso degli anni, ho adattato la mia collezione ai luoghi in cui ho vissuto e al numero di bambole che ho raccolto. All'inizio, quando vivevo in un piccolo appartamento a Madrid e avevo solo 4 o 5 bambole, le esponevo semplicemente sulla libreria, lasciando i libri dietro di me e le bambole in bella vista.

Poi la collezione ha preso vita, è cresciuta e ho finito per riporle in angoli sperduti, armadi... e persino affittare magazzini dove potevo a malapena godermele.

Le circostanze sono cambiate quando ho deciso di tornare nella mia città, dove ho trovato una cantina enorme che faceva al caso mio: non solo avevo lo spazio per esporli, ma le condizioni di conservazione erano ideali, senza luce naturale che li scoloriva, senza polvere o calore eccessivo.

All'inizio sono riuscita a esporli nelle vetrine dei negozi, ci sono delle vetrinette Ikea molto economiche che ho trovato perfette, ma non riuscivo comunque a resistere alle novità. 15 anni dopo, ammetto di non avere più spazio sufficiente per esporli. Una soluzione che ho trovato è stata quella di utilizzare intere pareti, disponendole dalla più pesante in basso alla più leggera in alto per evitare il sovrappeso. La soluzione è molto semplice e spettacolare e ve la consiglio se avete una parete libera in casa. Vi consiglio di non iniziare a esporli a diretto contatto con il pavimento, qualche semplice asse di legno può servire come base.

Naturalmente, se avete lo spazio e i mezzi per esporli in condizioni migliori, fatelo pure - il mio punto di forza sono sempre state le soluzioni più estreme di "adattamento ambientale" :-)

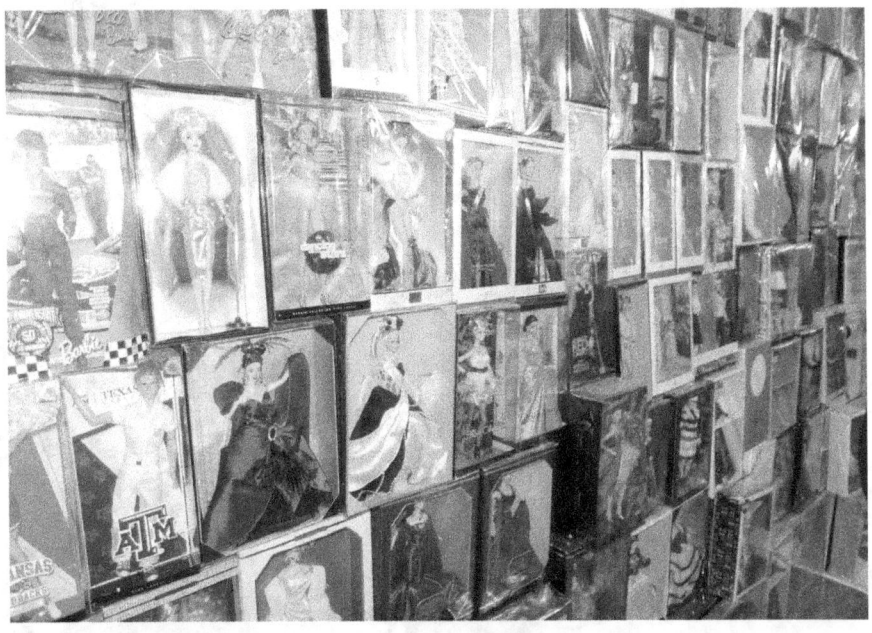

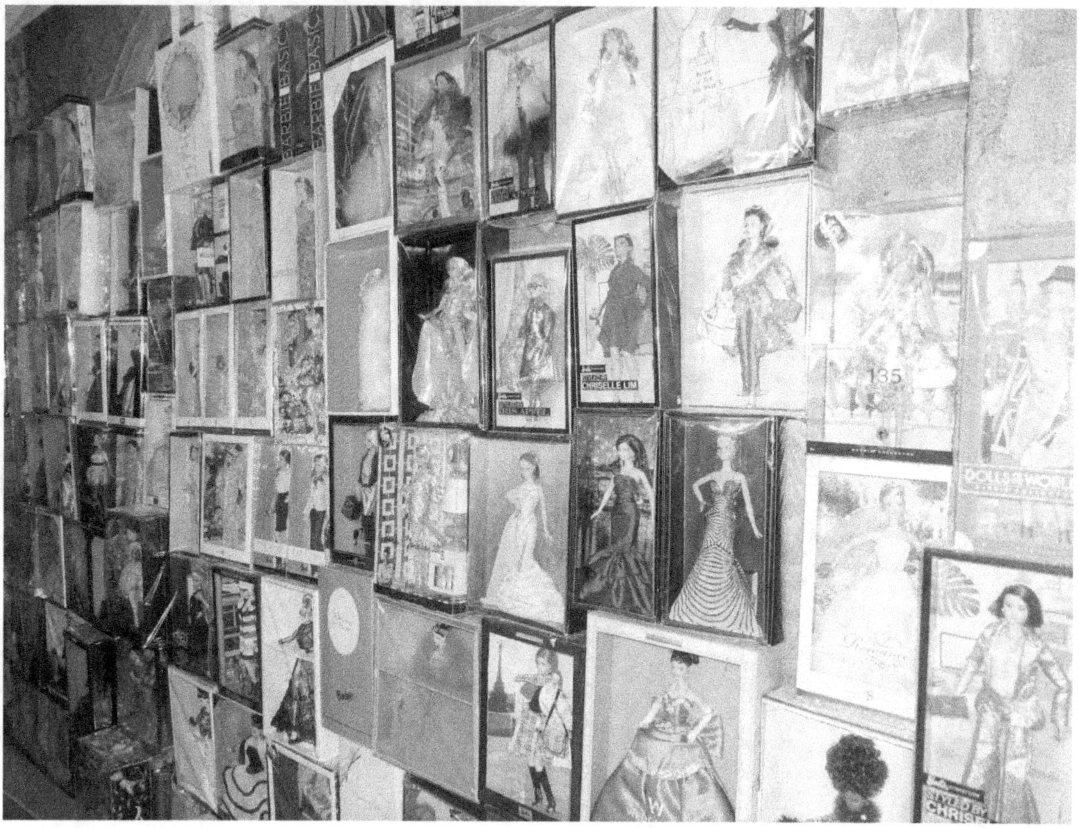

Wedgwood, Burberry, Ferrari...

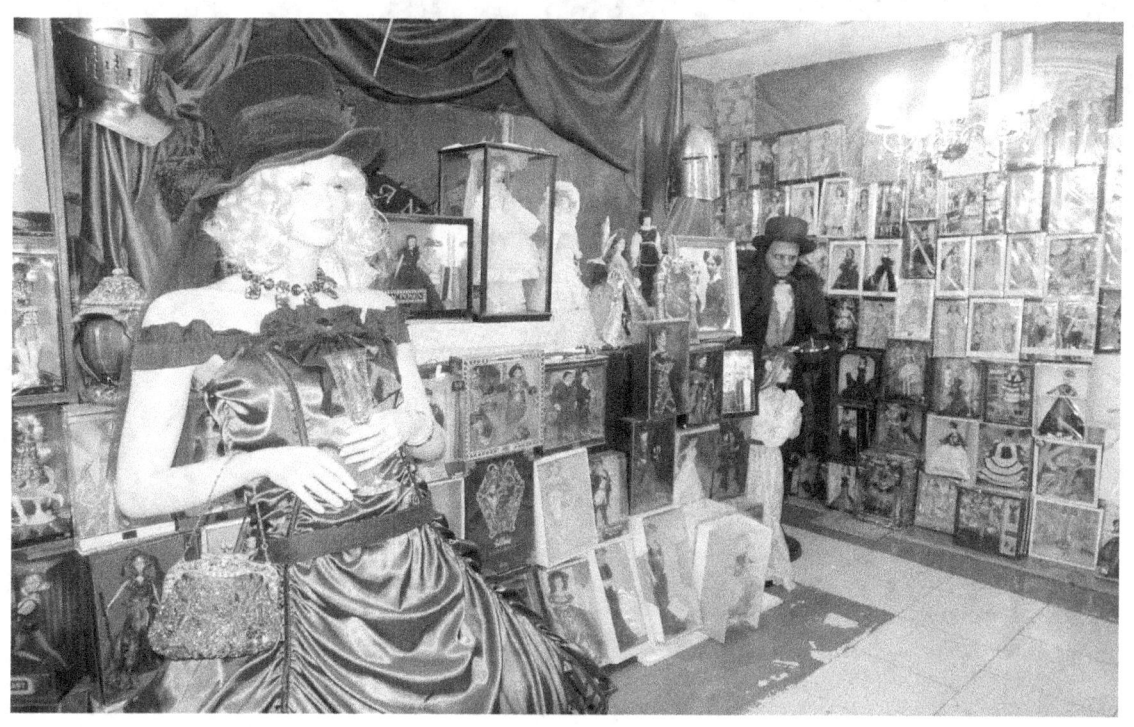

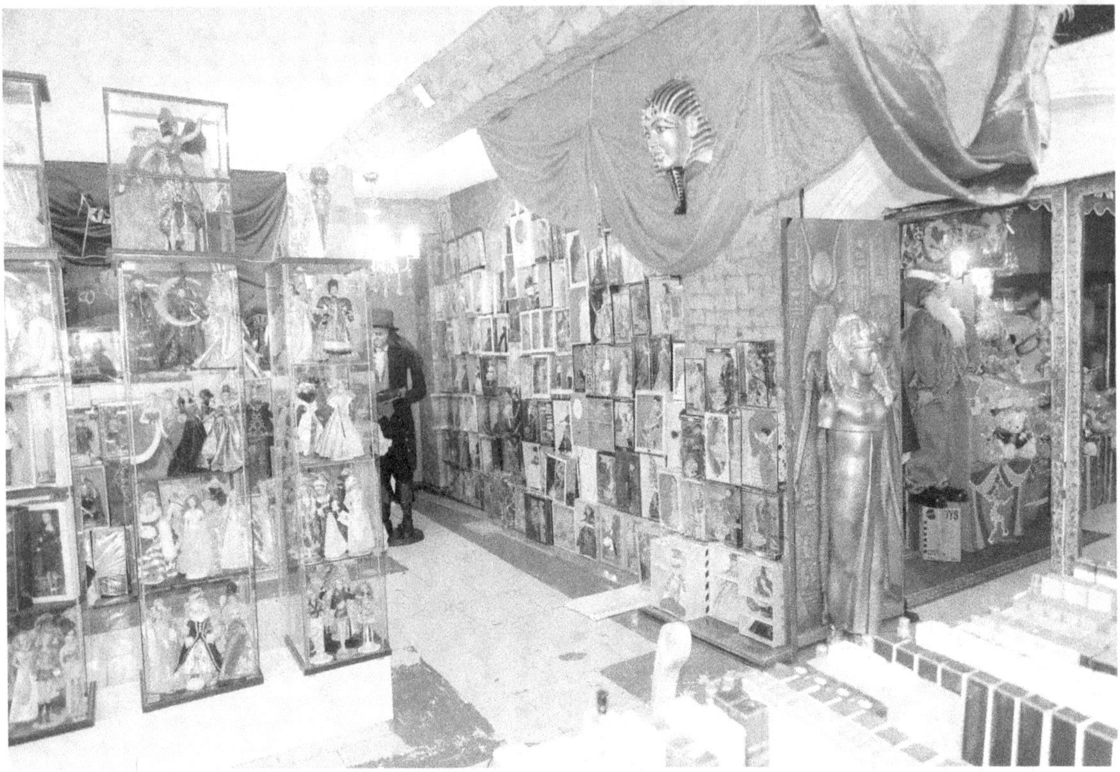

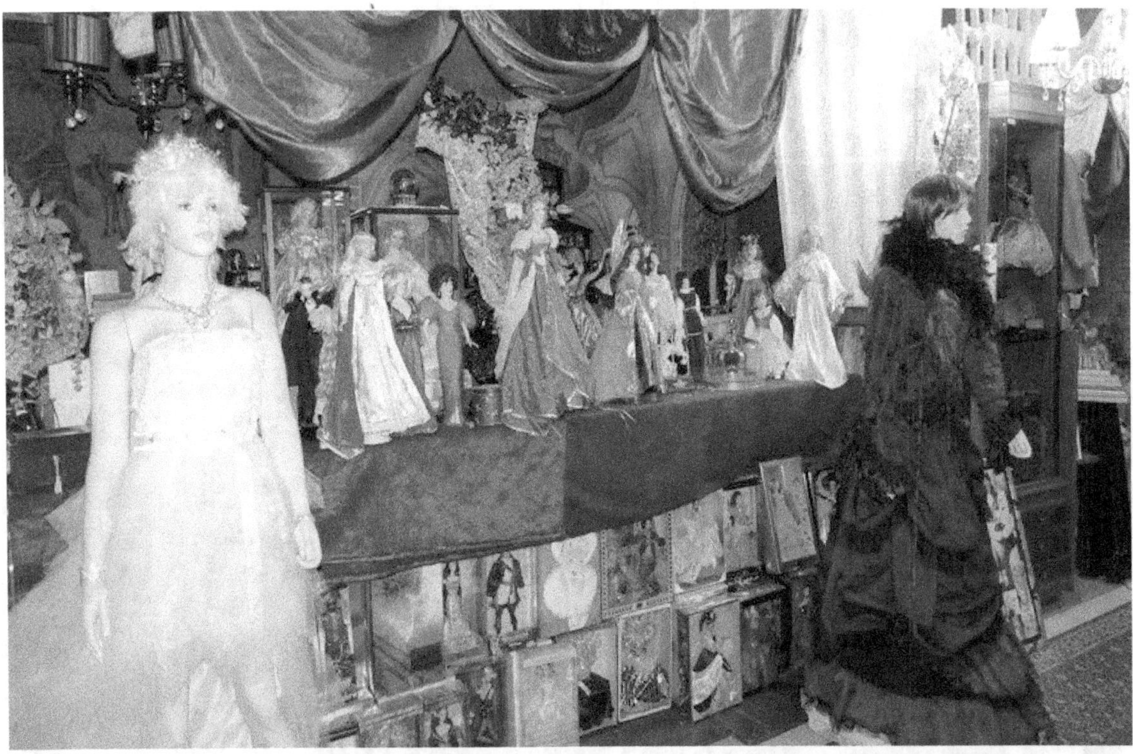

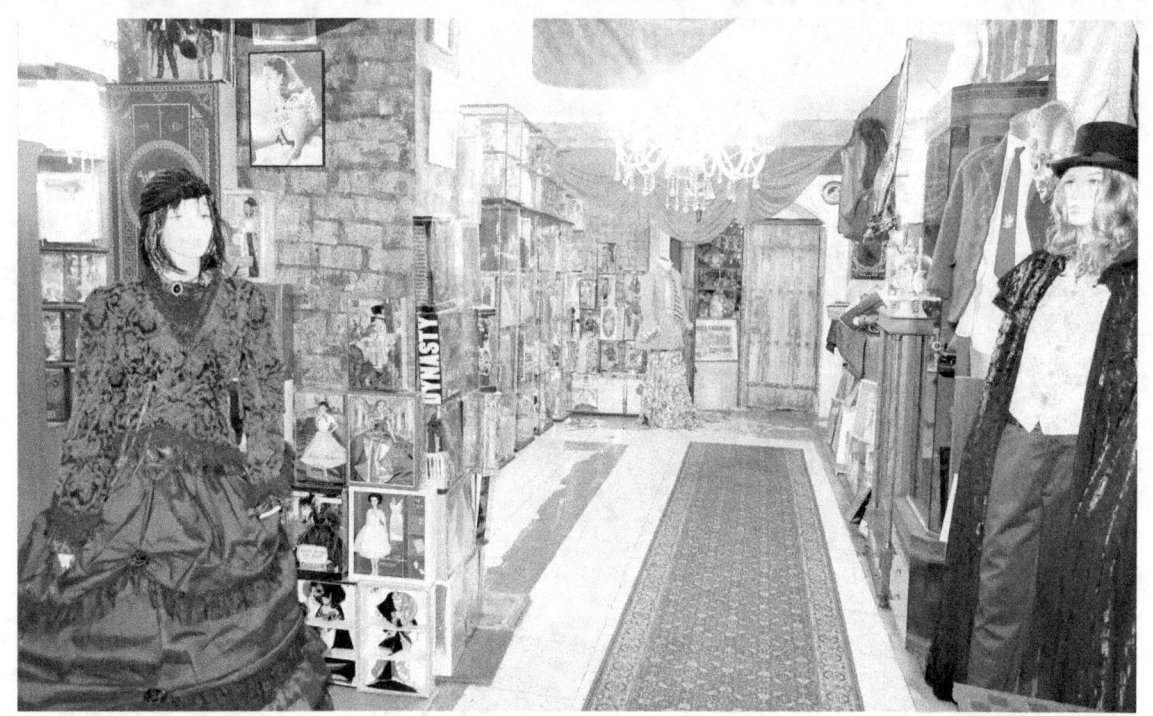

Audrey Hepburn, Elizabeth Taylor, Vivien Leigh...

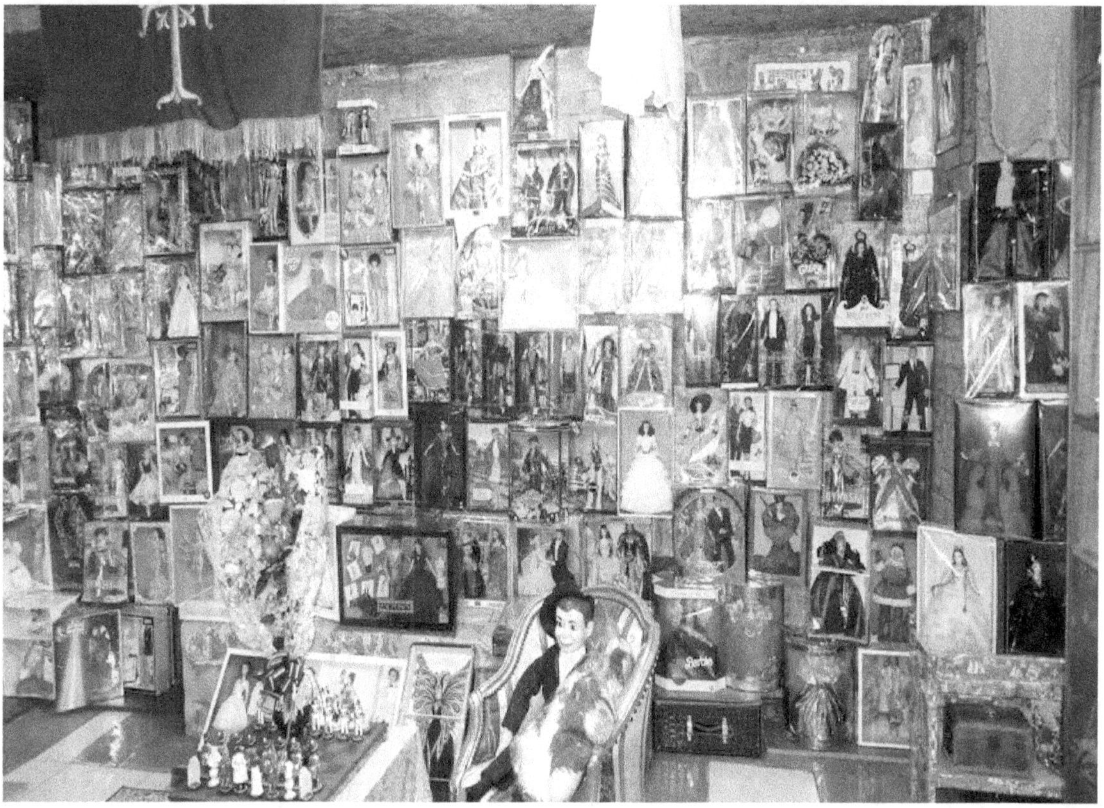

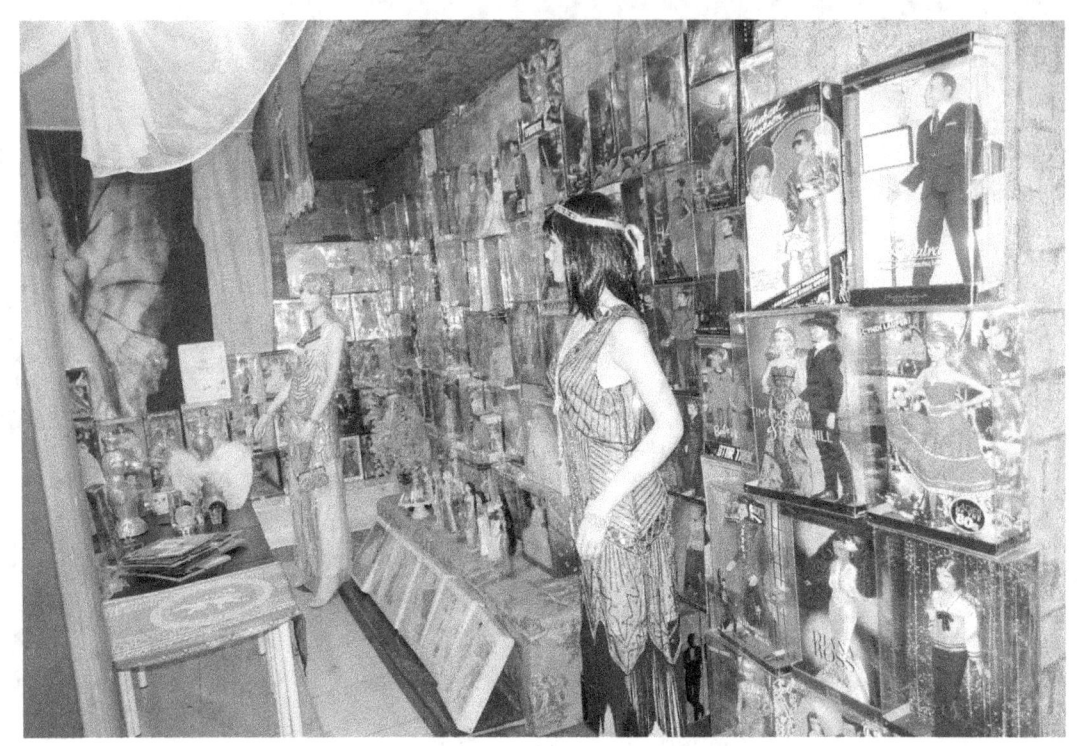

Diana Ross, Barbra Streisand, Cindy Lauper...

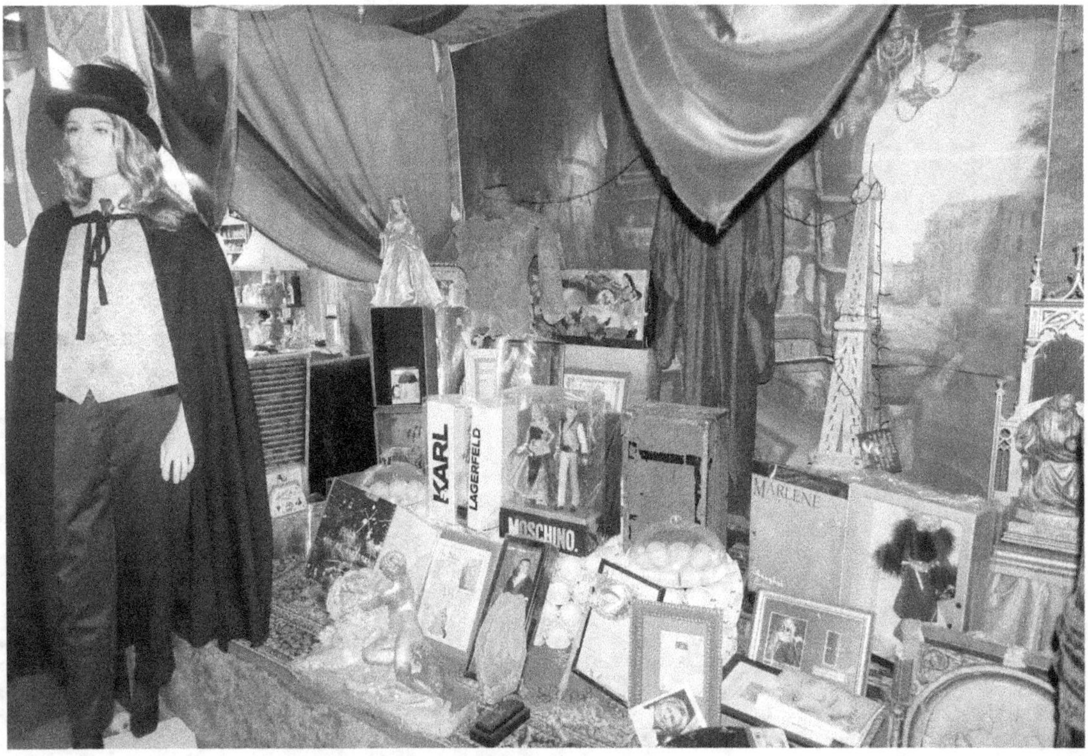

Karl Lagerfeld, Moschino, Dietrich...

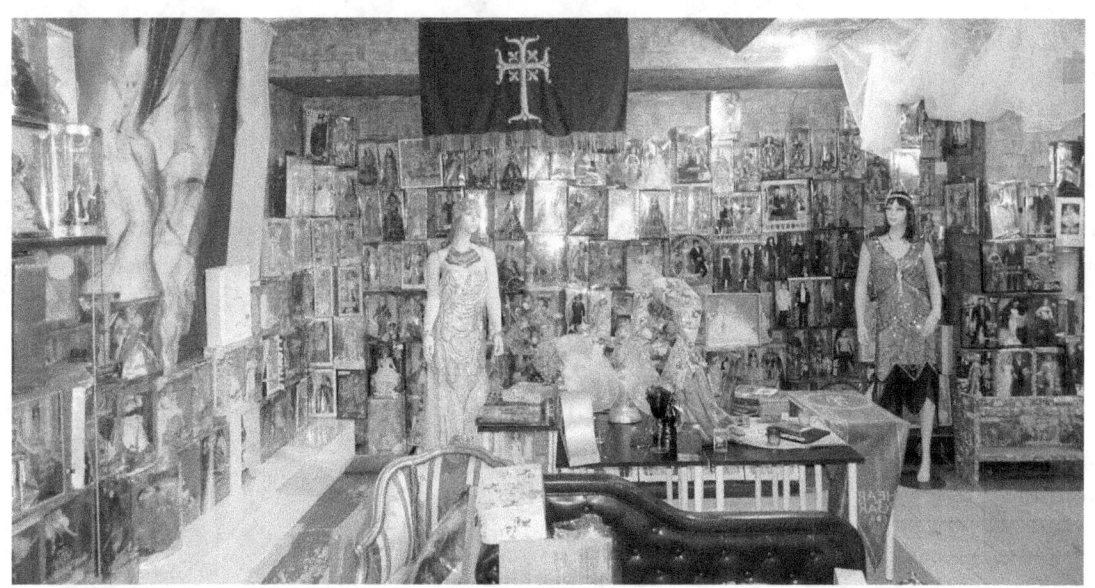

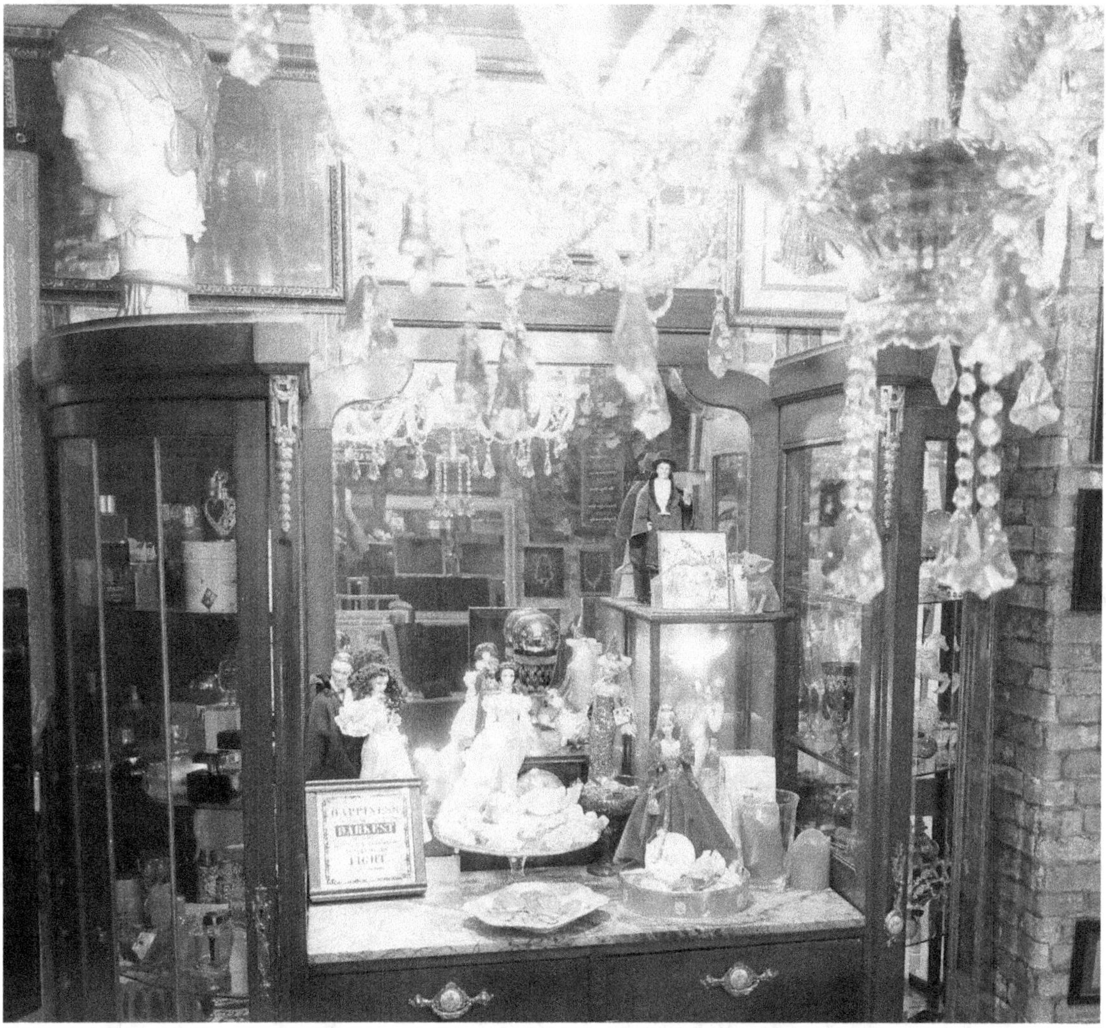

- Epilogo.

In un mondo così diverso come quello di oggi, dove coesistono tante realtà allo stesso tempo, a volte è difficile esprimere un'opinione senza offendere qualcuno. Se così fosse, nulla potrebbe essere più lontano dalle mie intenzioni. E vi prego di comprendere che questo è solo il punto di vista di un collezionista privato con una visione molto limitata del "suo mondo", nessuna delle mie affermazioni è una verità assoluta e sono sicuro che tutto ciò che ho scritto è più che discutibile a seconda del punto di vista ;-)

Con tutte le opzioni attualmente esistenti al mondo per informarvi sul mondo di Barbie, non posso che ringraziarvi per aver trovato il tempo di sfogliare queste pagine, anche se per pochi secondi.

Abbiate cura di voi e godetevi tutte le future edizioni di Barbie :-)

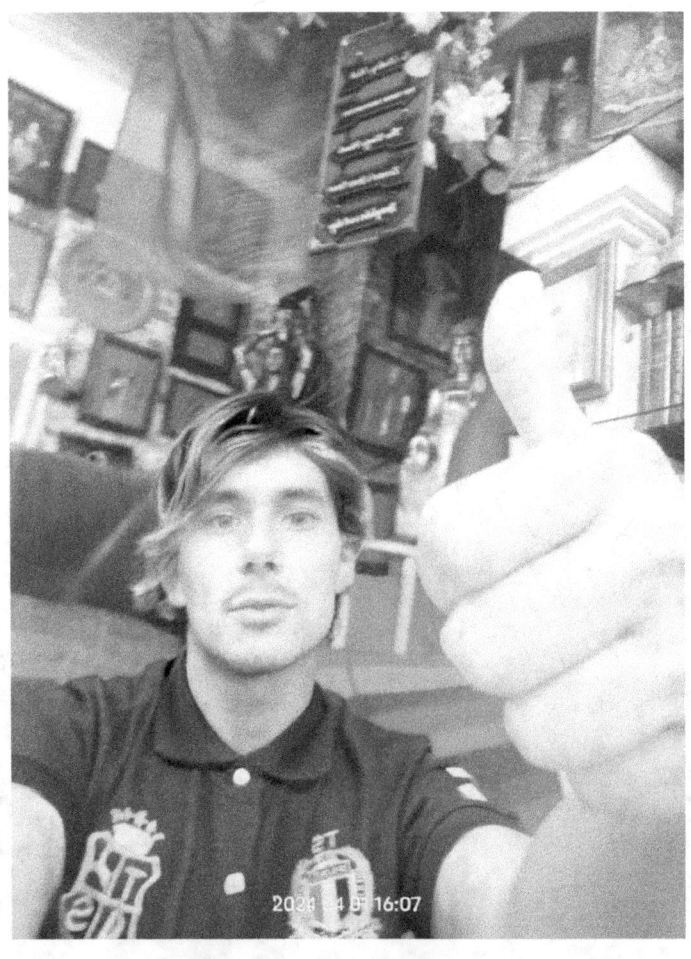

www.ingramcontent.com/pod-product-compliance
Lightning Source LLC
Chambersburg PA
CBHW081020240526
45471CB00017B/3451